Les salamandres

Les salamandres

Scénario
JULIEN FREY
Dessin et couleur
ADRIÁN HUELVA

DRAKOO

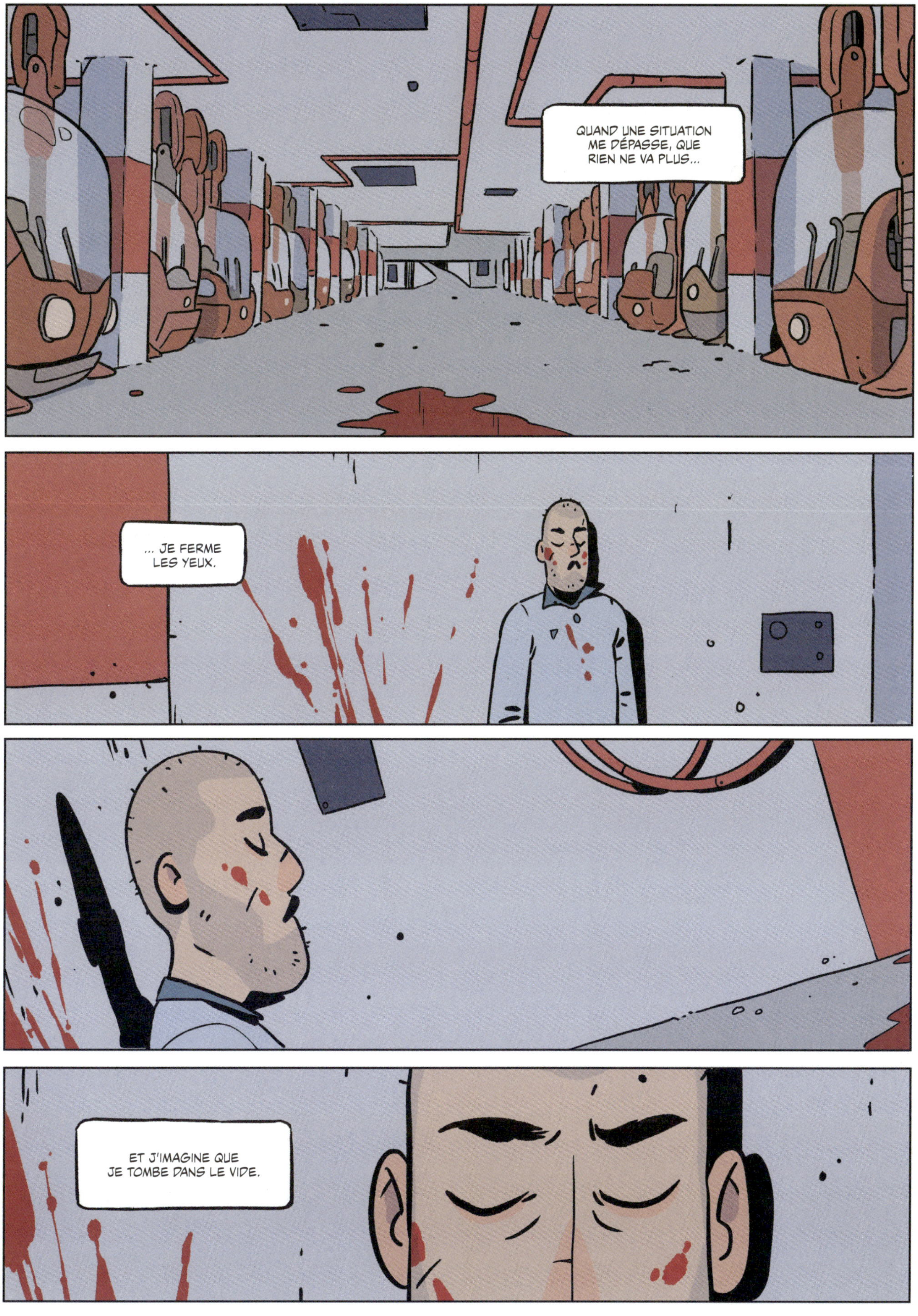
QUAND UNE SITUATION ME DÉPASSE, QUE RIEN NE VA PLUS...
... JE FERME LES YEUX.
ET J'IMAGINE QUE JE TOMBE DANS LE VIDE.

OU PLUTÔT QUE JE FLOTTE DANS LE VIDE.
EN DOUCEUR.
ÇA N'ARRANGE RIEN MAIS ÇA M'APAISE.
JE M'APPELLE GRAHAM.
GRAHAM GOMEZ.
UNE SEMAINE PLUS TÔT, MA VIE ÉTAIT DES PLUS BANALES.

LA GRÈVE DES CONDUCTEURS DE SPEED-V PARALYSE COMPLÈTEMENT LE SECTEUR 14 DEPUIS MAINTENANT NEUF JOURS.
LES CONSEILLERS CRAIGNENT QUE LES ÉTUDIANTS SE JOIGNENT AU MOUVEMENT ET...
CLICK !
C'EST DÉPRIMANT.
CE QUI EST DÉPRIMANT, C'EST ÊTRE CELUI QUI VA BIENTÔT REMPLACER LES GRÉVISTES.
GRÂCE À CE TRAVAIL, ON VA FAIRE DES ÉCONOMIES.
ET DANS QUELQUES MOIS, ON L'AURA NOTRE AGRÉMENT ENFANT.
OUI. ON VERRA.
TU COMPTES FAIRE COMMENT POUR L'ANALYSEUR ?
ILS PEUVENT INTERDIRE CE QU'ILS VEULENT...
... SAUF LA VIANDE.

CHEZ LES GOMEZ, ON AIME LA VIANDE, ON MANGE LA VIANDE.
L'ANALYSEUR EST DANS LES TOILETTES.
NON, GRAHAM.
PAS DANS LA CUISINE !
TIIIIIIIIIT
MERDE, ILS ONT MIS UN AUTRE DÉTECTEUR.
KLING
BONJOUR, MONSIEUR GOMEZ.
UN PRODUIT ILLICITE A ÉTÉ DÉTECTÉ DANS VOS URINES.
UNE AMENDE DE 101 UNITÉS VIENT D'ÊTRE ENVOYÉE À VOTRE HÉBERGEUR ET SERA DÉBITÉE DANS LES VINGT-QUATRE HEURES.
MERCI.
MERCI, MONSIEUR GOMEZ ?
MERCI À VOUS.
BELLE JOURNÉE.

JE PISSERAI DANS DES BOUTEILLES.
KLING
QUOI ENCORE ?
VOUS AVEZ UNE VISITE. HOLLY MUNMER.
EMPLOYÉE LA SOCIÉTÉ. CASIER JUDICIAIRE VIERGE.
INDICE CONFIANCE ÉLEVÉ.
SI C'EST POUR L'ANALYSEUR, JE N'AI PAS VOULU CONTRARIER L'OPÉRATEUR MAIS...
L'ANALYSEUR ?
VOUS NE VENEZ PAS POUR L'ANALYSEUR ?
NON.
MAIS VOUS TRAVAILLEZ POUR LA SOCIÉTÉ ?
C'EST EXACT.
VOUS AVEZ QUELQUE CHOSE À NOUS VENDRE ?
QUELQUE CHOSE À VOUS OFFRIR.
LA SOCIÉTÉ
LE DIRECTEUR DE LA COMMUNICATION DE LA SOCIÉTÉ VEUT VOUS VOIR.
QUOI ?
LA SOCIÉTÉ
VOUS NE SEREZ PAS DÉÇU.

DÉÇU ? JE N'ATTENDAIS RIEN DE LA SOCIÉTÉ.

NON AUX CONSEILLERS
NON AUX CONSEILLERS
NON AUX CONSEILLERS
NON AUX CONSEILLERS
DIRE NON, C'ÉTAIT S'EXPOSER À DES REPRÉSAILLES.

MONSIEUR GOMEZ !
LA SOCIÉTÉ

VOUS VOULEZ BOIRE QUELQUE CHOSE ?
NON MERCI.
POURQUOI VOULIEZ-VOUS ME VOIR, MONSIEUR WILSON ?
AH... DROIT AU BUT. C'EST BIEN.
VOUS AIMEZ LE PING-PONG ?
EUH... J'Y AI BEAUCOUP JOUÉ... AVANT.

VOUS FAITES QUOI COMME TRAVAIL ?
TAC
TAC
JE FAIS UNE FORMATION POUR CONDUIRE DES SPEED-V.
CONDUIRE DES SPEED-V ?
TAC
TAC!
TAC
TAC

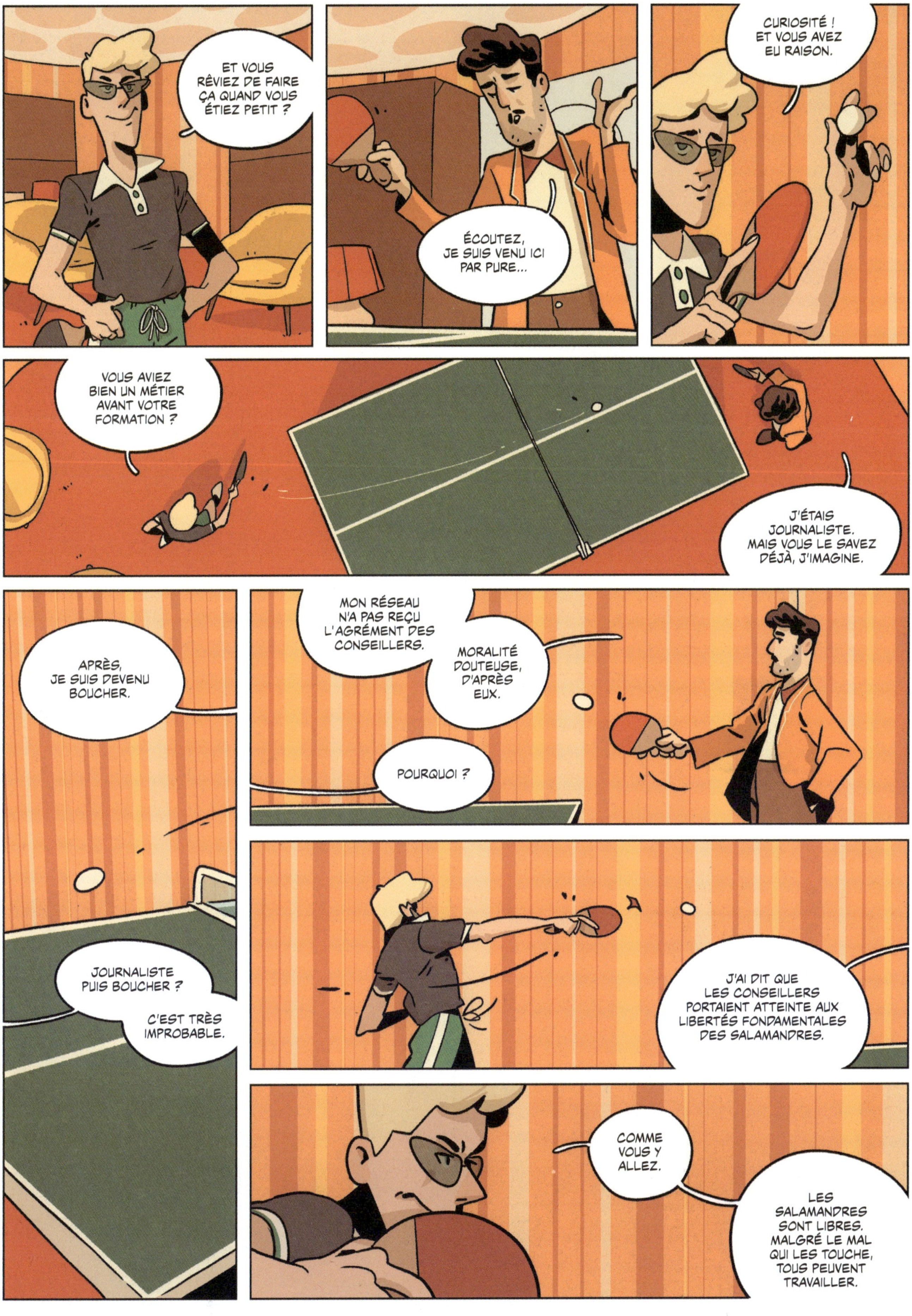
ET VOUS RÊVIEZ DE FAIRE ÇA QUAND VOUS ÉTIEZ PETIT ?
ÉCOUTEZ, JE SUIS VENU ICI PAR PURE...
CURIOSITÉ ! ET VOUS AVEZ EU RAISON.
VOUS AVIEZ BIEN UN MÉTIER AVANT VOTRE FORMATION ?
J'ÉTAIS JOURNALISTE. MAIS VOUS LE SAVEZ DÉJÀ, J'IMAGINE.
APRÈS, JE SUIS DEVENU BOUCHER.
JOURNALISTE PUIS BOUCHER ?
C'EST TRÈS IMPROBABLE.
MON RÉSEAU N'A PAS REÇU L'AGRÉMENT DES CONSEILLERS.
MORALITÉ DOUTEUSE, D'APRÈS EUX.
POURQUOI ?
J'AI DIT QUE LES CONSEILLERS PORTAIENT ATTEINTE AUX LIBERTÉS FONDAMENTALES DES SALAMANDRES.
COMME VOUS Y ALLEZ.
LES SALAMANDRES SONT LIBRES. MALGRÉ LE MAL QUI LES TOUCHE, TOUS PEUVENT TRAVAILLER.

QUAND ON VEUT BIEN LEUR DONNER DU TRAVAIL.
ET LES SALAMANDRES N'ONT PAS LE DROIT DE RECEVOIR QUELQU'UN CHEZ EUX.
C'EST POUR VOUS PROTÉGER D'UNE POSSIBLE CONTAMINATION, GRAHAM.
NOUS NE SAVONS PAS TOUT SUR CE VIRUS.
AVEC VOS IDÉES... C'EST BIEN QUE VOUS NE SOYEZ PLUS JOURNALISTE.
JE N'ARRIVAIS PLUS À FAIRE MON MÉTIER.
ALORS J'AI REPRIS LA BOUCHERIE FAMILIALE.
ET LA VIANDE A ÉTÉ PROHIBÉE...
AH AH AH ! VOUS AVEZ DU NEZ, VOUS.
PLANC!
JE FERAIS MIEUX DE PARTIR.
VOUS FERIEZ MIEUX D'ÉCOUTER.

DÈS SA CRÉATION, LA SOCIÉTÉ A INVESTI DANS LE TOURISME SPATIAL.
ET CHAQUE ANNÉE DEPUIS DIX ANS, GRÂCE AUX CONSEILLERS...
... QUELQUES MILLIARDAIRES EN MAL DE SENSATIONS FORTES S'OFFRENT UN PETIT SÉJOUR DANS L'ESPACE...
QUE VOUS DIFFUSEZ EN DIRECT SUR LE RÉSEAU 1. DOUBLE JACKPOT !
FALLAIT BIEN FINANCER LA SUITE !
TAC

LES PROCHAINS TOURISTES PASSERONT TROIS MOIS SUR MARS ET LOGERONT DANS NOTRE STATION ORBITALE.
ET PAS DES MILLIARDAIRES, HEIN. CINQ TOURISTES INVITÉS PAR LA SOCIÉTÉ !
CINQ TOURISTES QUI PORTERONT NOTRE NOUVEAU PROJET CITOYEN.
CE N'EST QU'UN MONTAGE.
J'IMAGINE.
L'EXOSQUELETTE POUR TOUS !
PAS SEULEMENT LES VIEUX OU LES HANDICAPÉS. NON, POUR TOUS.
VOUS ALLEZ OBLIGER TOUT LE MONDE À PORTER CES CONNERIES ?
CES CONNERIES, COMME VOUS DITES, VOUS PROTÉGERONT DES DOMMAGES CORPORELS ET AMÉLIORERONT VOS CAPACITÉS PHYSIQUES.

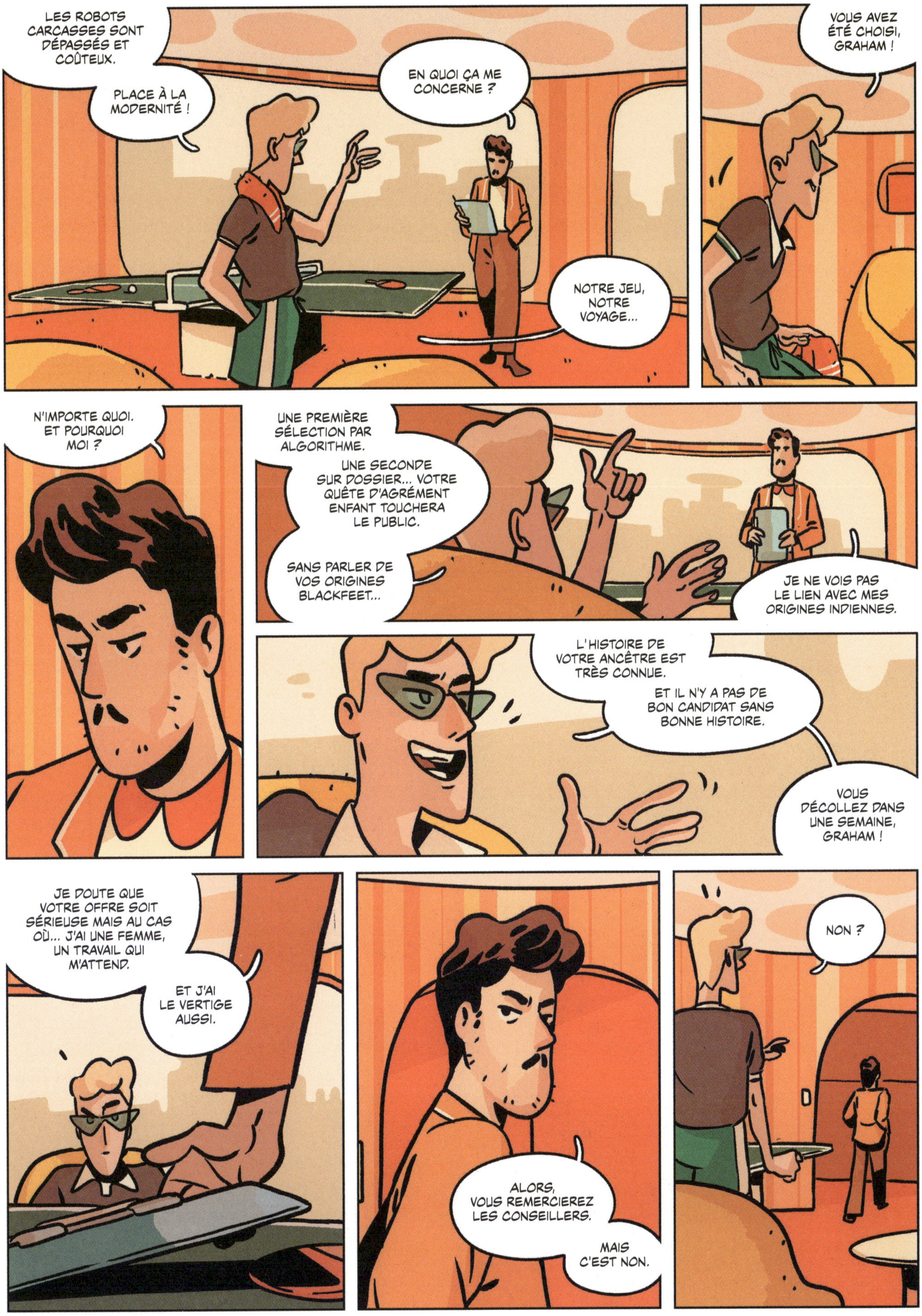
LES ROBOTS CARCASSES SONT DÉPASSÉS ET COÛTEUX.
PLACE À LA MODERNITÉ !
EN QUOI ÇA ME CONCERNE ?
NOTRE JEU, NOTRE VOYAGE...
VOUS AVEZ ÉTÉ CHOISI, GRAHAM !
N'IMPORTE QUOI. ET POURQUOI MOI ?
UNE PREMIÈRE SÉLECTION PAR ALGORITHME.
UNE SECONDE SUR DOSSIER... VOTRE QUÊTE D'AGRÉMENT ENFANT TOUCHERA LE PUBLIC.
SANS PARLER DE VOS ORIGINES BLACKFEET...
JE NE VOIS PAS LE LIEN AVEC MES ORIGINES INDIENNES.
L'HISTOIRE DE VOTRE ANCÊTRE EST TRÈS CONNUE.
ET IL N'Y A PAS DE BON CANDIDAT SANS BONNE HISTOIRE.
VOUS DÉCOLLEZ DANS UNE SEMAINE, GRAHAM !
JE DOUTE QUE VOTRE OFFRE SOIT SÉRIEUSE MAIS AU CAS OÙ... J'AI UNE FEMME, UN TRAVAIL QUI M'ATTEND.
ET J'AI LE VERTIGE AUSSI.
ALORS, VOUS REMERCIEREZ LES CONSEILLERS.
MAIS C'EST NON.
NON ?

OUI, J'AI DES ORIGINES BLACKFEET.
ET QUAND J'ÉTAIS PETIT, MA MÈRE ME RACONTAIT SOUVENT L'HISTOIRE DE NOTRE ANCÊTRE INDIEN.

TRAHIR LES SIENS POUR SAUVER UNE ÉTRANGÈRE.
J'AVAIS DU MAL À COMPRENDRE.

QUELQU'UN AVAIT EFFECTIVEMENT FAIT UNE CHANSON SUR CETTE HISTOIRE.
COURAGE.
SACRIFICE.
MOI, JE LE TROUVAIS UN PEU COUILLON, L'INDIEN DE MA MÈRE.

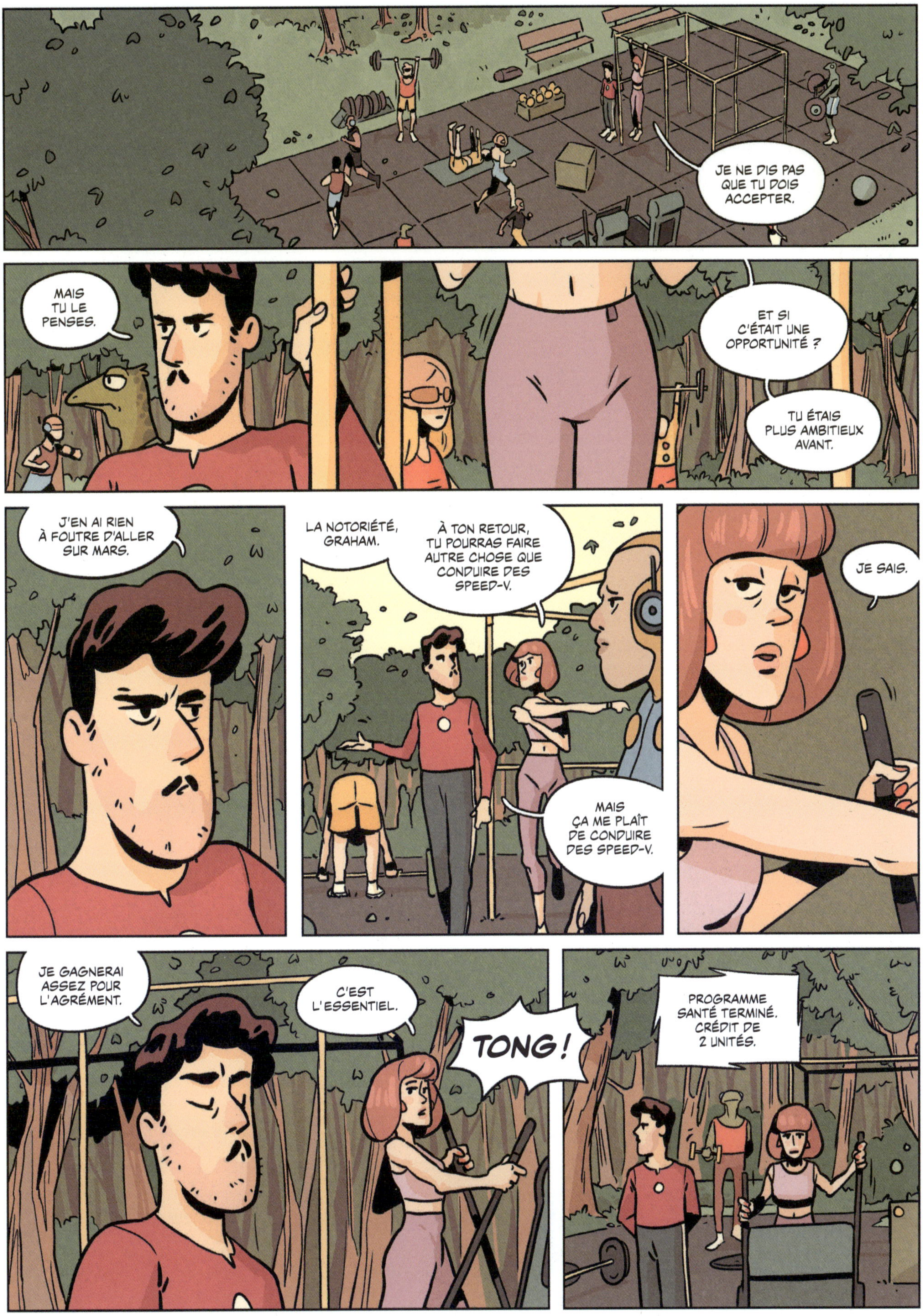
JE NE DIS PAS QUE TU DOIS ACCEPTER.
MAIS TU LE PENSES.
ET SI C'ÉTAIT UNE OPPORTUNITÉ ?
TU ÉTAIS PLUS AMBITIEUX AVANT.
J'EN AI RIEN À FOUTRE D'ALLER SUR MARS.
LA NOTORIÉTÉ, GRAHAM.
À TON RETOUR, TU POURRAS FAIRE AUTRE CHOSE QUE CONDUIRE DES SPEED-V.
MAIS ÇA ME PLAÎT DE CONDUIRE DES SPEED-V.
JE SAIS.
JE GAGNERAI ASSEZ POUR L'AGRÉMENT.
C'EST L'ESSENTIEL.
TONG !
PROGRAMME SANTÉ TERMINÉ. CRÉDIT DE 2 UNITÉS.

NON AUX CONSEILLERS
LES GENS NE CRIENT MÊME PLUS QUAND ILS MANIFESTENT.
MAIS ILS SONT DE PLUS EN PLUS NOMBREUX.
C'EST AVANT QU'IL FALLAIT PROTESTER. QUAND LA SOCIÉTÉ A COMMENCÉ À TOUT INTERDIRE.
SOI-DISANT POUR NOUS PROTÉGER.
MÊME LES PETITS VIEUX N'ONT PLUS DROIT À LEUR PETIT CHIEN.
ÉCONOMIE DES RESSOURCES.
C'EST PAS CE QUI ME CHOQUE LE PLUS.

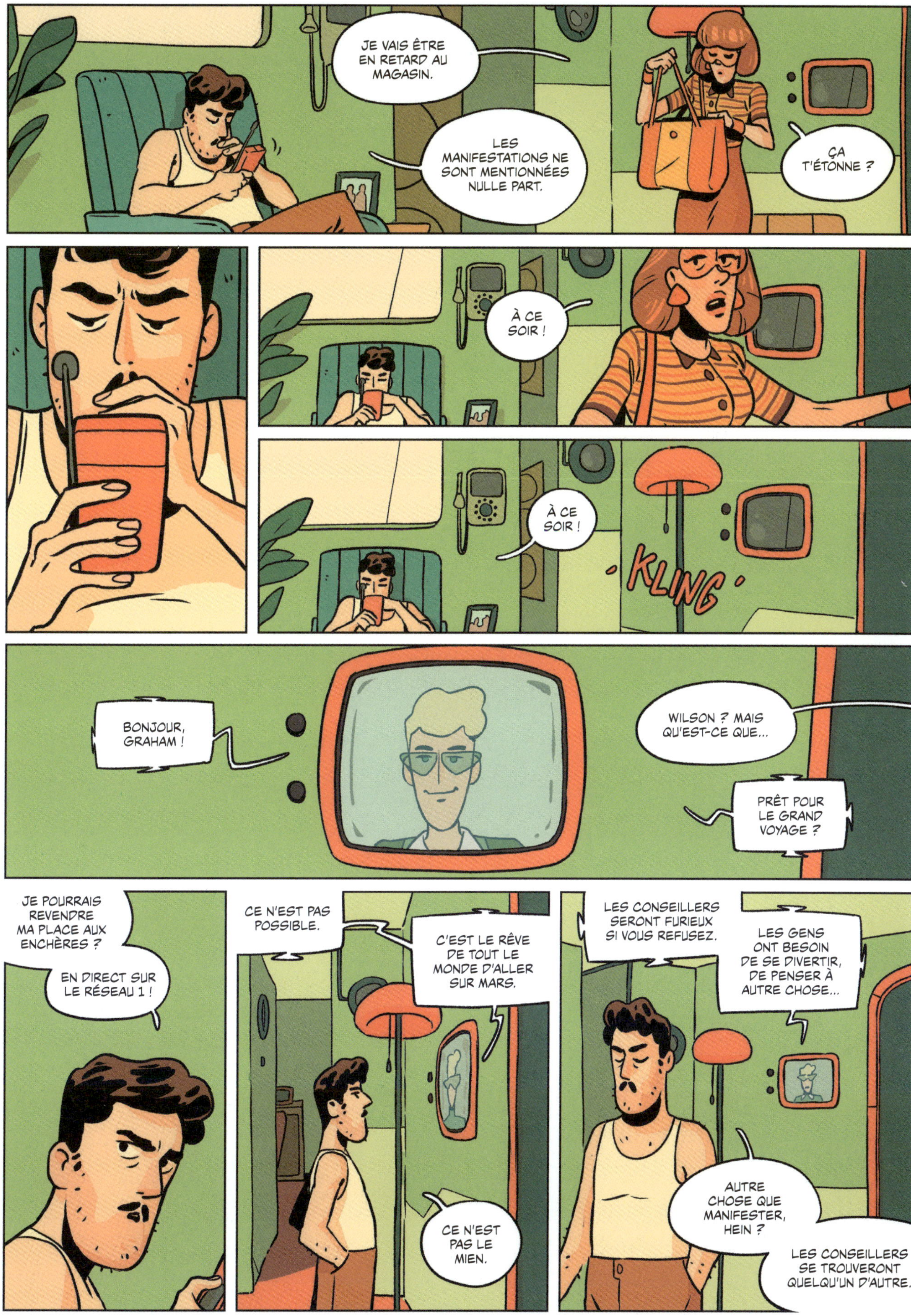
JE VAIS ÊTRE EN RETARD AU MAGASIN.
LES MANIFESTATIONS NE SONT MENTIONNÉES NULLE PART.
ÇA T'ÉTONNE ?
À CE SOIR !
À CE SOIR !
KLING
BONJOUR, GRAHAM !
WILSON ? MAIS QU'EST-CE QUE...
PRÊT POUR LE GRAND VOYAGE ?
JE POURRAIS REVENDRE MA PLACE AUX ENCHÈRES ?
EN DIRECT SUR LE RÉSEAU 1 !
CE N'EST PAS POSSIBLE.
C'EST LE RÊVE DE TOUT LE MONDE D'ALLER SUR MARS.
CE N'EST PAS LE MIEN.
LES CONSEILLERS SERONT FURIEUX SI VOUS REFUSEZ.
LES GENS ONT BESOIN DE SE DIVERTIR, DE PENSER À AUTRE CHOSE...
AUTRE CHOSE QUE MANIFESTER, HEIN ?
LES CONSEILLERS SE TROUVERONT QUELQU'UN D'AUTRE.

JE PENSAIS QUE WILSON PASSERAIT À AUTRE CHOSE.
NON AUX CONSEILLERS
NON AUX CONSEILLERS

TU ES PRÊT À CONDUIRE TOUT SEUL, MAINTENANT.

MAIS LA SITUATION SE TENDAIT SUR LE SECTEUR 14.
NON
NON AUX CONSEILLERS
ON VA PAS S'ARRÊTER ICI.
NON
NON AUX CONSEILLERS
NON
NON
LES SALAIRES QUI BAISSENT, LES PLAGES HORAIRES QUI AUGMENTENT…
LES GENS AURAIENT DÛ Y PENSER AVANT DE VOTER POUR LES CONSEILLERS.
CHTING!
ALLÔ ?
ICI GRAHAM GOMEZ. RÉVEILLEZ-VOUS ! LE MONDE EST À VOUS !
ENTENDU.

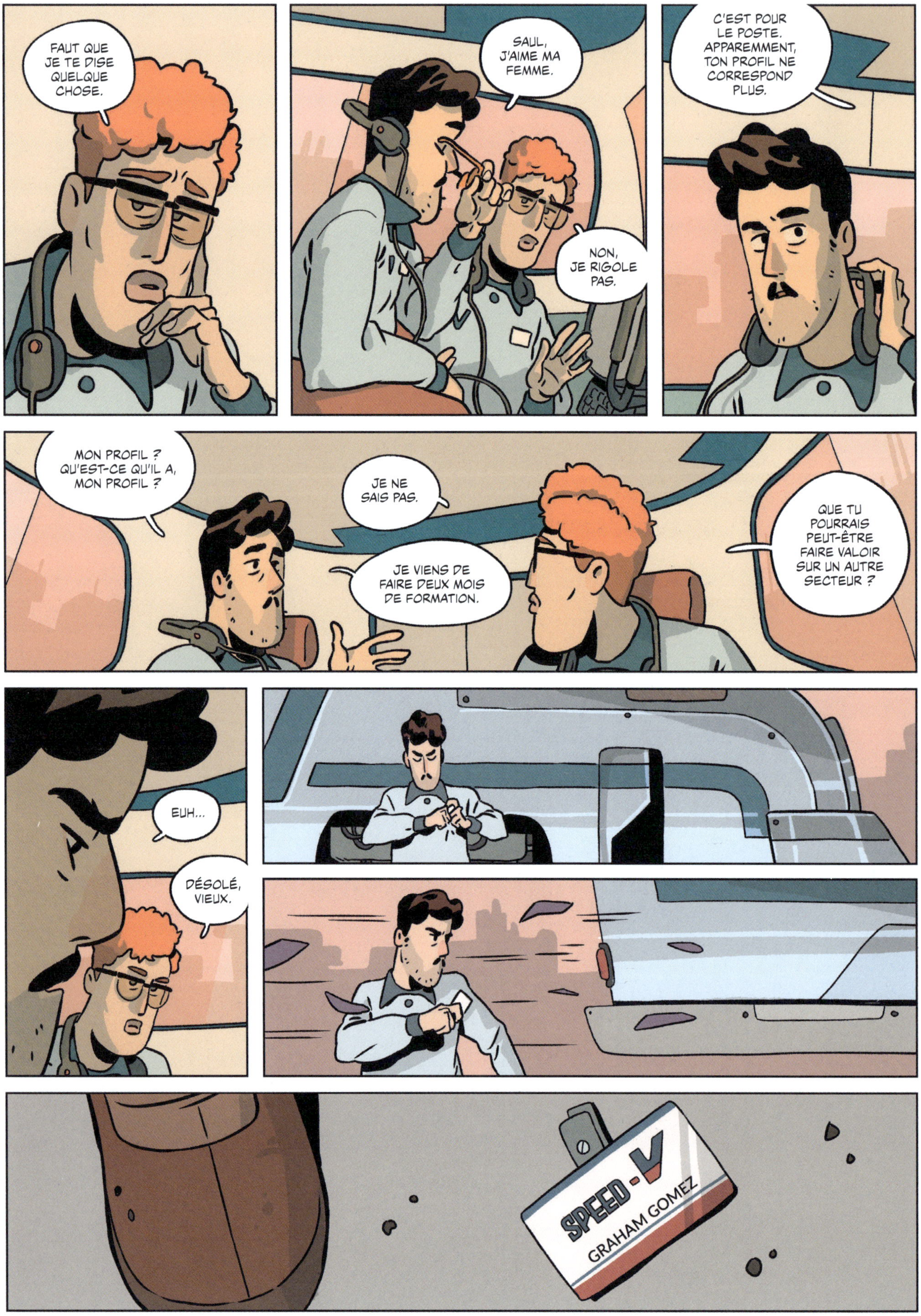
FAUT QUE JE TE DISE QUELQUE CHOSE.
SAUL, J'AIME MA FEMME.
NON, JE RIGOLE PAS.
C'EST POUR LE POSTE. APPAREMMENT, TON PROFIL NE CORRESPOND PLUS.
MON PROFIL ? QU'EST-CE QU'IL A, MON PROFIL ?
JE NE SAIS PAS.
JE VIENS DE FAIRE DEUX MOIS DE FORMATION.
QUE TU POURRAIS PEUT-ÊTRE FAIRE VALOIR SUR UN AUTRE SECTEUR ?
EUH...
DÉSOLÉ, VIEUX.
SPEED-V
GRAHAM GOMEZ

LIZARD
LIZARD
LIZARD

QU'EST-CE QUE JE VOUS SERS ?
UNE PINTE !
MENTHE ? GRENADINE ? CASSIS ?
CASSIS.
C'EST POUR NOTRE BIEN.
TSS... UN BARMAN QUI DÉFEND LA PROHIBITION.
MOINS D'ALCOOL, MOINS D'ACCIDENTS, PLUS DE PERSONNES EN BONNE SANTÉ.
ÉCOUTE-MOI, CRAPAUD. MA SANTÉ, C'EST MA SANTÉ.
REGARDEZ QUI EST LÀ !

T'ES ENGAGÉ POUR REMPLACER LES GRÉVISTES ?
OUAIS.
ET ILS ME PAIENT MIEUX QUE TOI PARCE QUE J'AI DES CHEVEUX.
ON VA S'OCCUPER DE TOI.

JE VAIS TE RACONTER
L'HISTOIRE OUBLIÉE
DE TATONKA LE BLACKFEET
QUI SAUVA UNE BLANCHE, UNE PETITE
TATONKA TRAHIT SON FRÈRE
EN QUITTANT LE CAMP UN MATIN
TATONKA RENDIT L'ENFANT À SON PÈRE
ET PERDIT TOUS LES SIENS

LE PÈRE VOULUT REMERCIER
L'INDIEN POUR SON COURAGE
ET LUI OFFRIT DE RESTER
MAIS PERSONNE N'EN VOULAIT AU VILLAGE
ALORS TATONKA ET LE PÈRE
PRIRENT UN DERNIER VERRE
EN REGARDANT LES ÉTOILES L'INDIEN
SE DIT QUE LÀ-HAUT IL SERAIT BIEN
ET TATONKA LE BLACKFEET
QUI SAUVA LA BLANCHE, LA PETITE
LE LENDEMAIN ÉTAIT PARTI
SUR LA LUNE ESPÉRAIT SON AMI
COUPEZ ! ON VA LA REFAIRE.
TU POURRAIS PLEURER UN PEU À LA FIN ?
PLEURER ?
OUI, JUSTE UNE PETITE LARME.

J'EMMERDE LES GRÉVISTES !
J'EMMERDE LA SOCIÉTÉ !
ET LES CONSEILLERS AUSSI.
JE LES EMMERDE !!!
BONJOUR, MONSIEUR GOMEZ.
VOUS TROUBLEZ L'ORDRE PUBLIC.
UNE AMENDE DE 48 UNITÉS VIENT D'ÊTRE ENVOYÉE À VOTRE HÉBERGEUR ET SERA DÉBITÉE DANS LES VINGT-QUATRE HEURES.
MERCI.
ET TOI AUSSI JE T'EMMERDE !
SENTINELLE ENVOYÉE, MONSIEUR GOMEZ.
OH MERDE.

ARRÊTEZ-VOUS,
MONSIEUR GOMEZ.
RKING

MONSIEUR
GOMEZ !!!

JE VAIS ÊTRE EN RETARD À MON TRAVAIL.
VOUS ALLEZ DEVOIR NOUS SUIVRE AU POSTE DE SÉCURITÉ.
BOOM!

MERCI !
TRÈS BIEN.
TU VEUX QUOI ?
DE L'ARGENT ?

ON PEUT S'ARRANGER ?
J'AI DE L'ALCOOL CHEZ MOI.
BEAUCOUP D'ALCOOL.

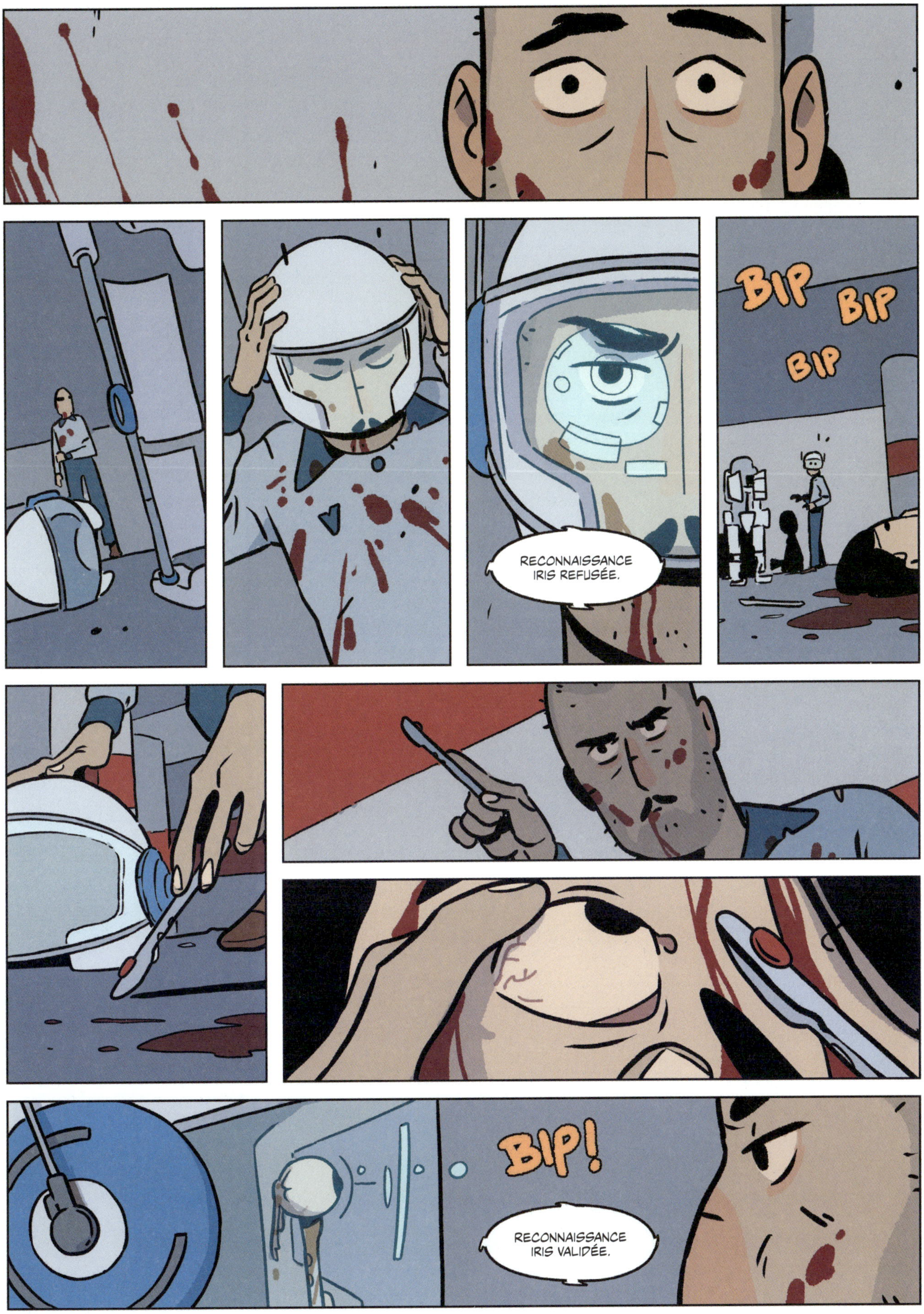
RECONNAISSANCE IRIS REFUSÉE.
BIP
BIP
BIP
BIP!
RECONNAISSANCE IRIS VALIDÉE.

C'EST PAS SI MAL EN FAIT.
CHTING
DÉLIT DE FUITE APRÈS OUTRAGE ENVERS SENTINELLE ASSERMENTÉE.
AMENDE DE 212 UNITÉS.
LINA ?
CHTING
ABSENCE CONTRÔLE MÉDICAL TECHNIQUE.
AMENDE 95 UNITÉS.
LINA ?

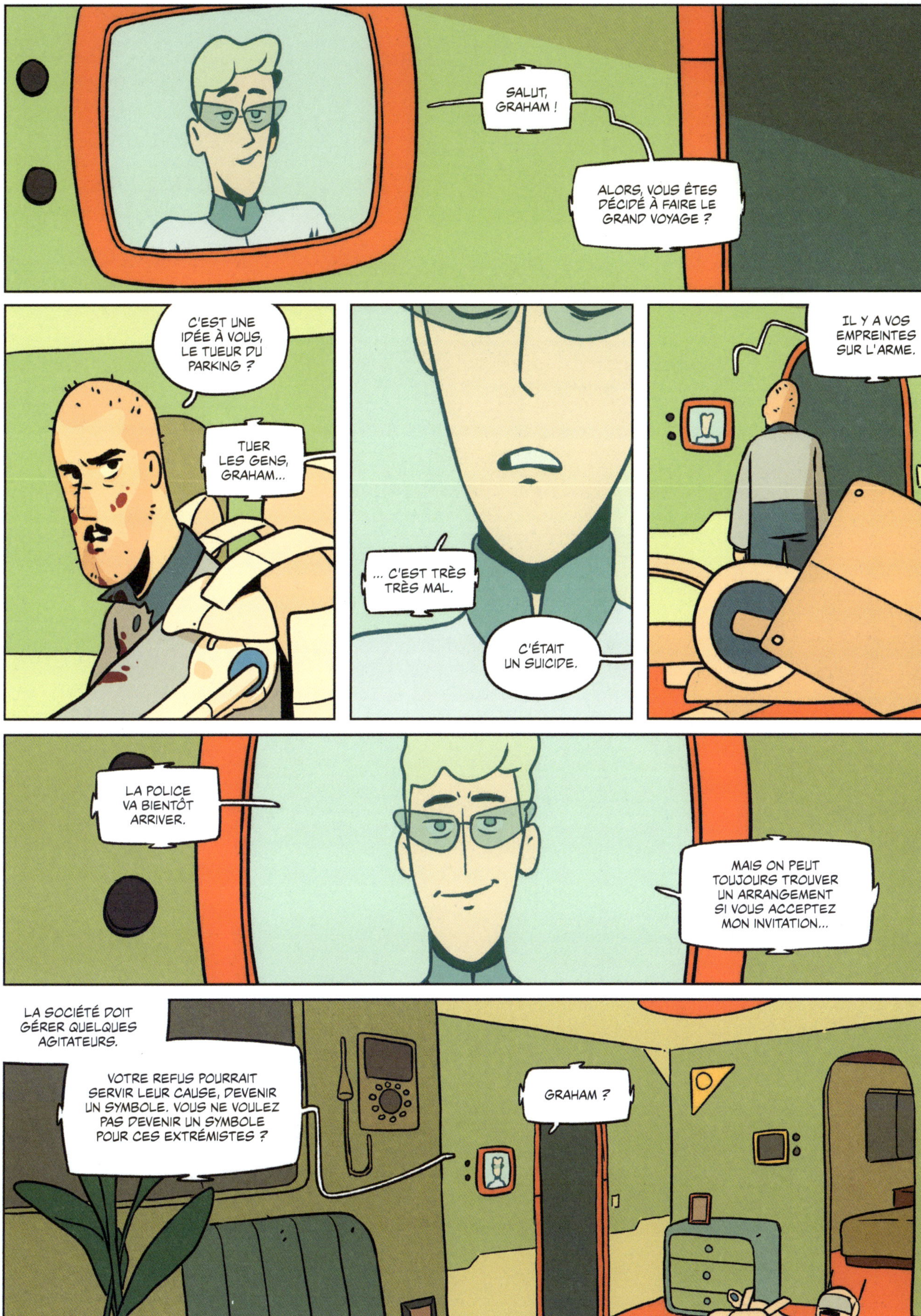
SALUT, GRAHAM !
ALORS, VOUS ÊTES DÉCIDÉ À FAIRE LE GRAND VOYAGE ?
C'EST UNE IDÉE À VOUS, LE TUEUR DU PARKING ?
TUER LES GENS, GRAHAM...
... C'EST TRÈS TRÈS MAL.
C'ÉTAIT UN SUICIDE.
IL Y A VOS EMPREINTES SUR L'ARME.
LA POLICE VA BIENTÔT ARRIVER.
MAIS ON PEUT TOUJOURS TROUVER UN ARRANGEMENT SI VOUS ACCEPTEZ MON INVITATION...
LA SOCIÉTÉ DOIT GÉRER QUELQUES AGITATEURS.
VOTRE REFUS POURRAIT SERVIR LEUR CAUSE, DEVENIR UN SYMBOLE. VOUS NE VOULEZ PAS DEVENIR UN SYMBOLE POUR CES EXTRÉMISTES ?
GRAHAM ?

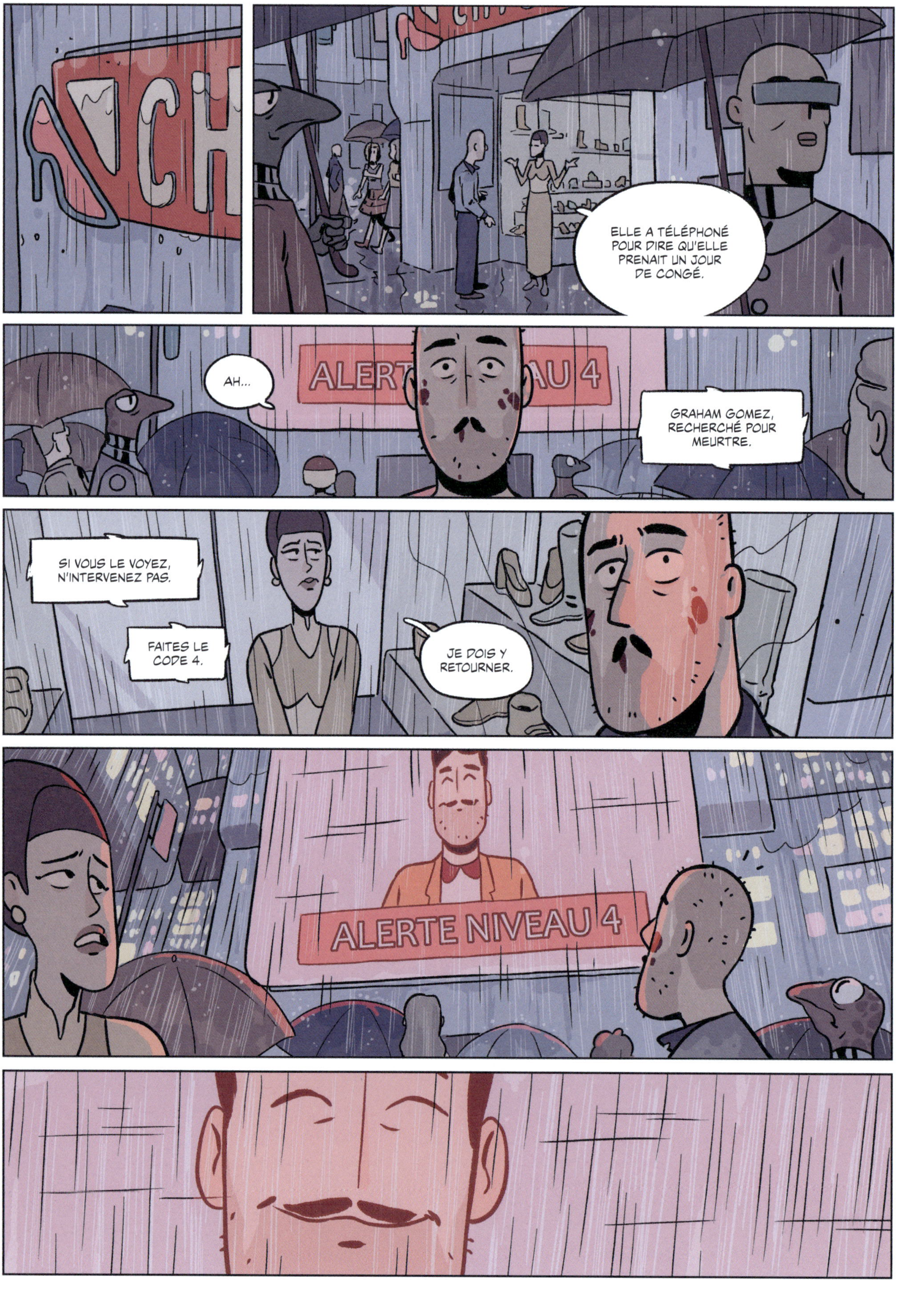
CH
ELLE A TÉLÉPHONÉ POUR DIRE QU'ELLE PRENAIT UN JOUR DE CONGÉ.
ALERTE NIVEAU 4
AH...
GRAHAM GOMEZ, RECHERCHÉ POUR MEURTRE.
SI VOUS LE VOYEZ, N'INTERVENEZ PAS.
FAITES LE CODE 4.
JE DOIS Y RETOURNER.
ALERTE NIVEAU 4

CHAUSSURES 14

OTTO ÉTAIT UN ANCIEN COLLÈGUE.
ALERTE NIVEAU 4
UN JOURNALISTE AUX MÉTHODES UN PEU FOIREUSES...
... QUI S'OPPOSAIT AUJOURD'HUI VIVEMENT À LA SOCIÉTÉ.

EST-CE QU'IL ALLAIT M'AIDER ?
BONJOUR.
BONJOUR.
JE VOUDRAIS VOIR OTTO.
JE NE CONNAIS PAS DE OTTO.
DITES-LUI QUE GRAHAM GOMEZ VEUT LUI PARLER.
JE VENDS DES GLACES, J'ORGANISE PAS DES RENCONTRES.
ON TRAVAILLAIT ENSEMBLE AVANT QU'IL SE TRANSFORME EN CRA...
ENFIN QU'IL MUTE.

JE SAVAIS BIEN QU'IL ACCEPTERAIT.
FAUDRA PAS RECOMMENCER.
QUOI ?
NOUS TRAITER DE CRAPAUDS.
ON PEUT T'EMMENER MAIS TU NE DOIS PAS SAVOIR OÙ C'EST.
VOUS ALLEZ ME METTRE UN SAC SUR LA TÊTE ? OU M'ASSOMMER ?
ON N'A PAS DE SAC.

MAIS...
JE N'AVAIS PAS VU AUTANT D'ALCOOL DEPUIS DES ANNÉES.
LIZARD

GIN, VODKA, MARTINI ?
VOUS M'EXPLIQUEZ ?
C'EST LA RÉPLIQUE EXACTE DU PUB QUI EST À LA SURFACE.
LA VERSION NON CENSURÉE.
UN PUB CLANDESTIN SI VOUS PRÉFÉREZ.
GRAHAM GOMEZ !
OTTO ?

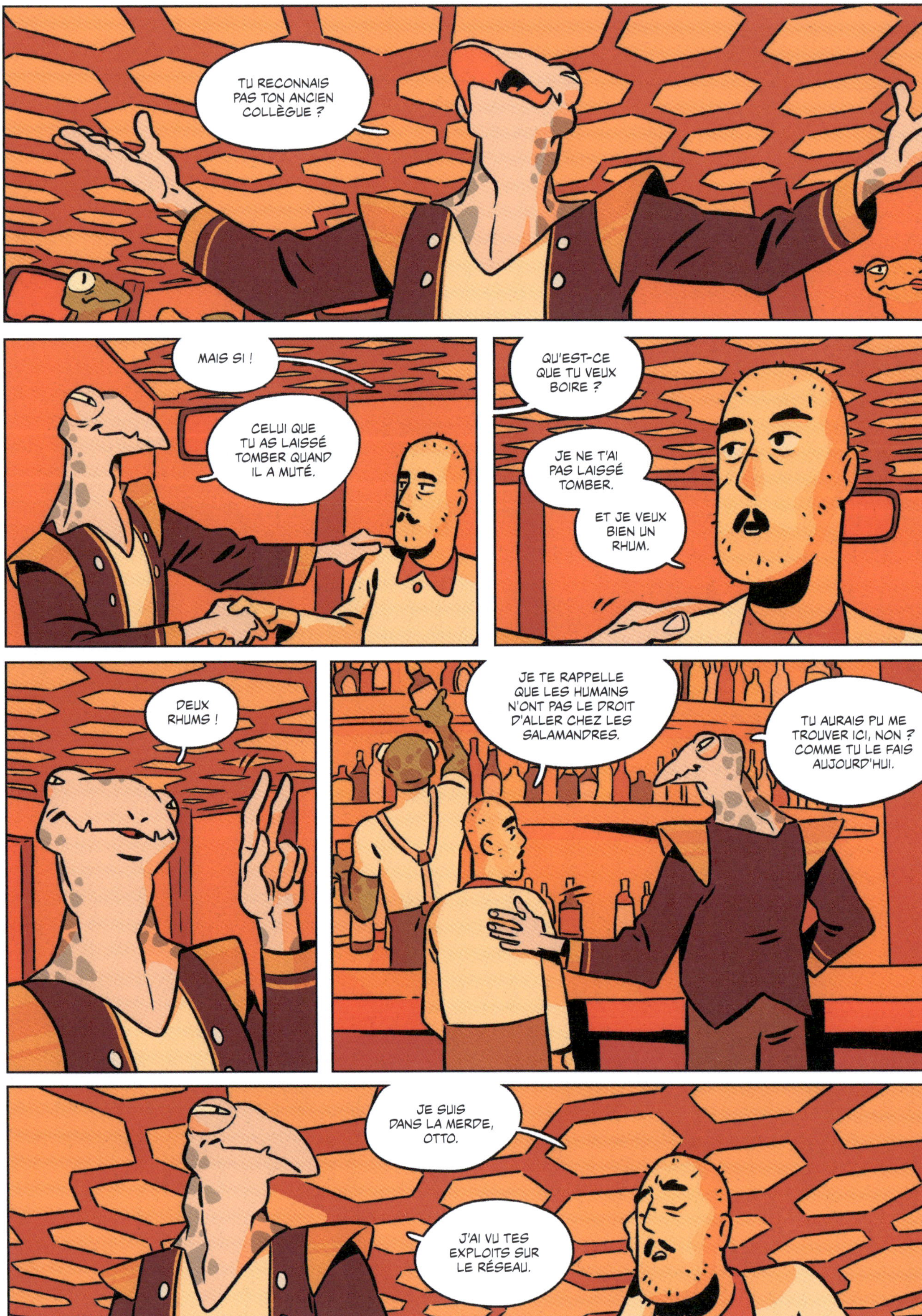
TU RECONNAIS PAS TON ANCIEN COLLÈGUE ?
MAIS SI !
CELUI QUE TU AS LAISSÉ TOMBER QUAND IL A MUTÉ.
QU'EST-CE QUE TU VEUX BOIRE ?
JE NE T'AI PAS LAISSÉ TOMBER.
ET JE VEUX BIEN UN RHUM.
DEUX RHUMS !
JE TE RAPPELLE QUE LES HUMAINS N'ONT PAS LE DROIT D'ALLER CHEZ LES SALAMANDRES.
TU AURAIS PU ME TROUVER ICI, NON ? COMME TU LE FAIS AUJOURD'HUI.
JE SUIS DANS LA MERDE, OTTO.
J'AI VU TES EXPLOITS SUR LE RÉSEAU.

J'ACHÈTE DE L'ALCOOL, JE VENDS DE L'ALCOOL.
MERCI LA PROHIBITION.
EXACTEMENT.
OTTO... S'ILS M'ARRÊTENT, C'EST LA PRISON.
JE T'AVAIS PAS PRÉVENU QU'IL FALLAIT SE BATTRE CONTRE CES CONS DE CONSEILLERS ?
JE ME BATTAIS EN ÉCRIVANT. JE SUIS MOINS VIOLENT QUE TOI.
LA BORGNE N'A PAS CONFIANCE EN TOI.

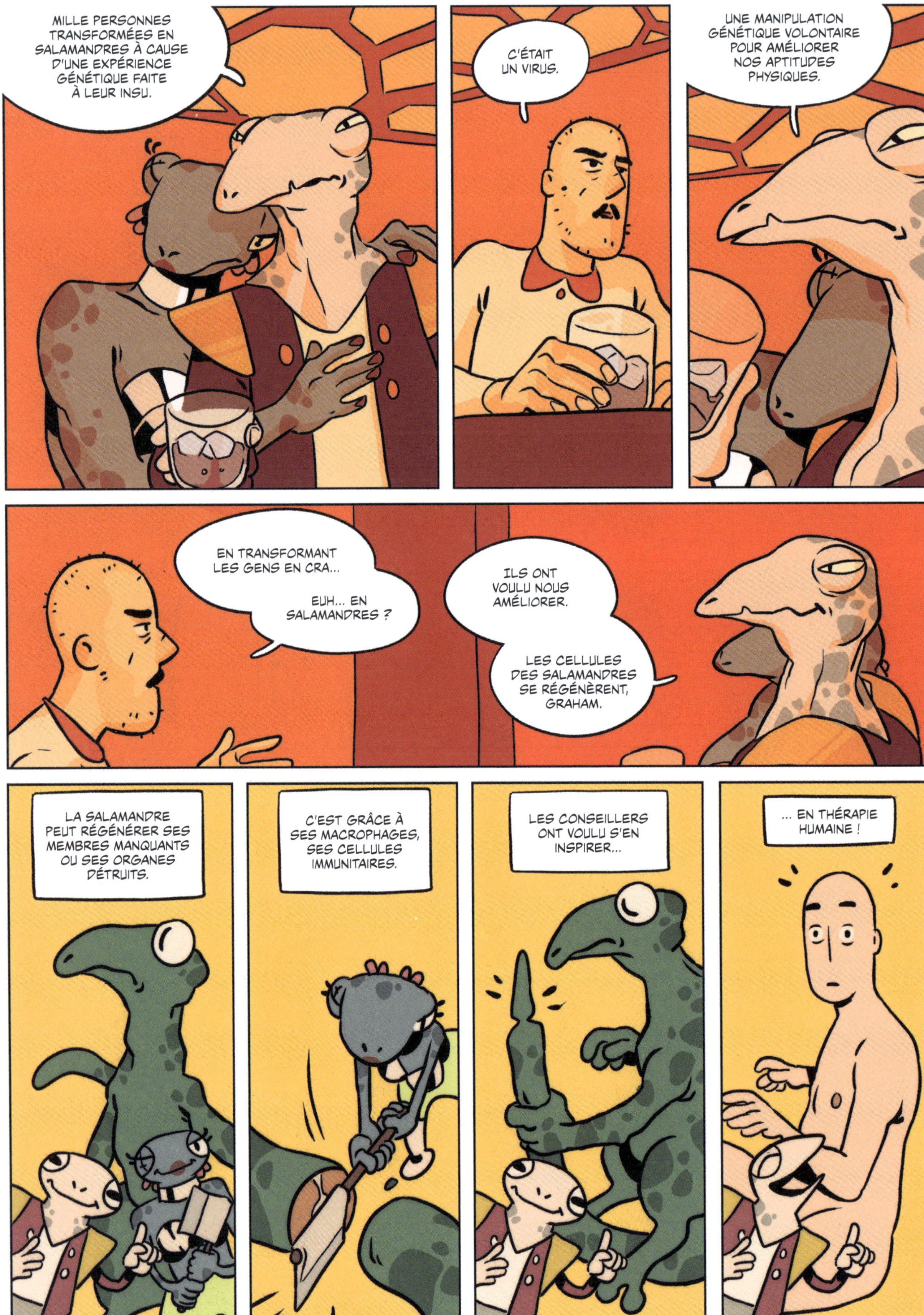
MILLE PERSONNES TRANSFORMÉES EN SALAMANDRES À CAUSE D'UNE EXPÉRIENCE GÉNÉTIQUE FAITE À LEUR INSU.
C'ÉTAIT UN VIRUS.
UNE MANIPULATION GÉNÉTIQUE VOLONTAIRE POUR AMÉLIORER NOS APTITUDES PHYSIQUES.
EN TRANSFORMANT LES GENS EN CRA...
EUH... EN SALAMANDRES ?
ILS ONT VOULU NOUS AMÉLIORER.
LES CELLULES DES SALAMANDRES SE RÉGÉNÈRENT, GRAHAM.
LA SALAMANDRE PEUT RÉGÉNÉRER SES MEMBRES MANQUANTS OU SES ORGANES DÉTRUITS.
C'EST GRÂCE À SES MACROPHAGES, SES CELLULES IMMUNITAIRES.
LES CONSEILLERS ONT VOULU S'EN INSPIRER...
... EN THÉRAPIE HUMAINE !

MOINS DE MALADES, PLUS D'ÉCONOMIES.
MAIS L'EXPÉRIENCE A COMPLÈTEMENT FOIRÉ.
ALORS, SI JE TE COUPE UN BRAS, IL REPOUSSE ?
MÊME PAS. ON A ÉTÉ TRANSFORMÉS MAIS PAS DU TOUT AMÉLIORÉS.
À L'INTÉRIEUR, ON RESTE DES HUMAINS.
LA SOCIÉTÉ A CONVAINCU UN GARS DE S'EXPLOSER LA CERVELLE DEVANT MOI.
QUI ACCEPTERAIT DE FAIRE UN TRUC PAREIL ?
UN MOURANT. C'EST PAS LA PREMIÈRE FOIS.
LA SOCIÉTÉ LEUR FAIT FAIRE N'IMPORTE QUOI EN ÉCHANGE D'UN PETIT PACTOLE POUR LEUR FAMILLE.
QU'EST-CE QUE...
IL RÉAGIT VITE.
À TOUT À L'HEURE, GRAHAM !

CROÂÂ CROÂÂÂ !
ALLEZ LES CRAPAUDS.
ON CHANTE EN CHŒUR.
CROÂÂÂ !!!
ON PEUT LE FRAPPER ?
NON, LA BORGNE. ON A BESOIN DE LUI.

TU T'ES ÉVANOUI.
T'EN FAIS UNE TÊTE !
QU'EST-CE QUE VOUS FAITES ?
ON TE REMET SUR PIED.
NE ME TOUCHEZ PAS !

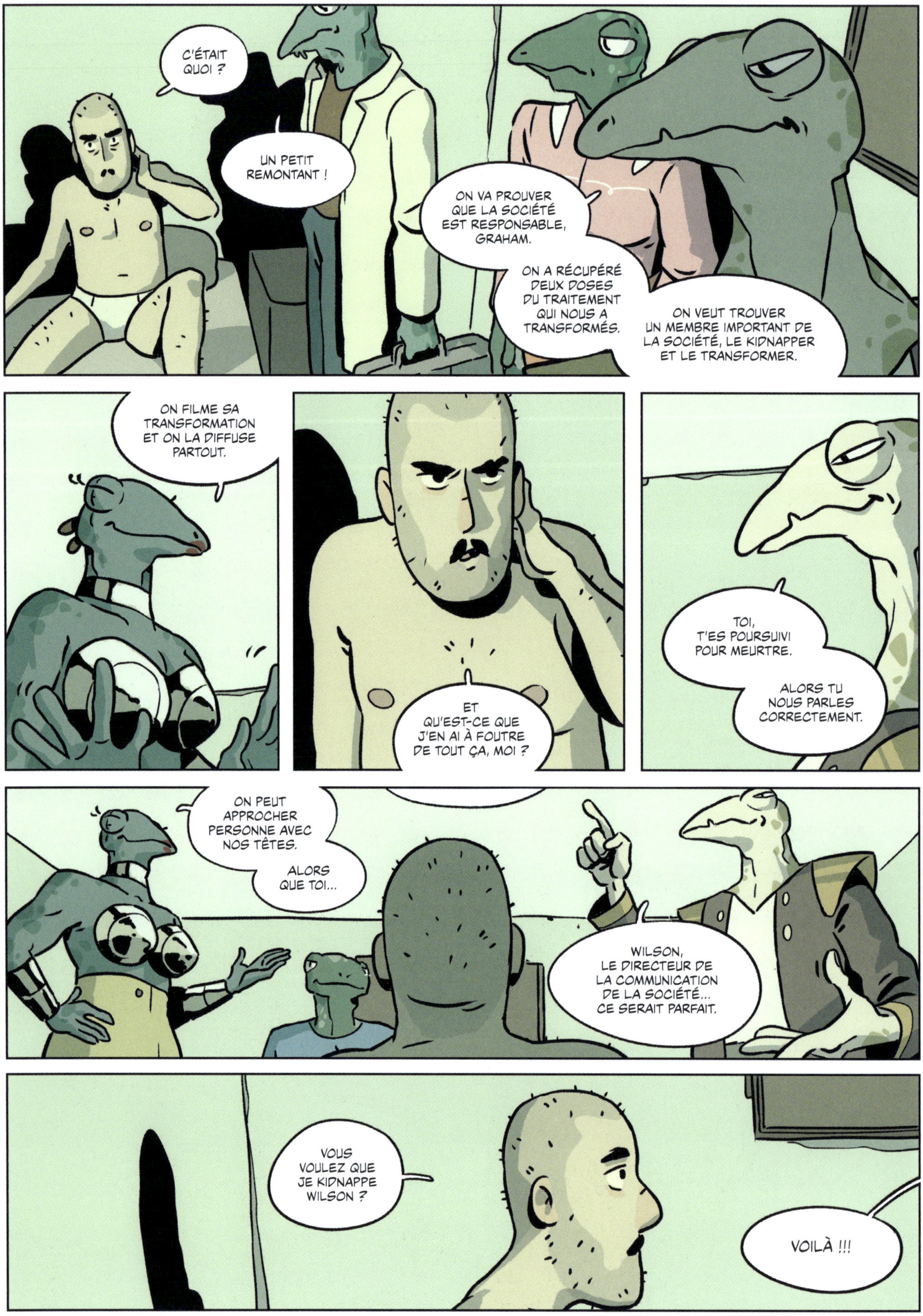

C'ÉTAIT QUOI ?
UN PETIT REMONTANT !
ON VA PROUVER QUE LA SOCIÉTÉ EST RESPONSABLE, GRAHAM.
ON A RÉCUPÉRÉ DEUX DOSES DU TRAITEMENT QUI NOUS A TRANSFORMÉS.
ON VEUT TROUVER UN MEMBRE IMPORTANT DE LA SOCIÉTÉ, LE KIDNAPPER ET LE TRANSFORMER.
ON FILME SA TRANSFORMATION ET ON LA DIFFUSE PARTOUT.
ET QU'EST-CE QUE J'EN AI À FOUTRE DE TOUT ÇA, MOI ?
TOI, T'ES POURSUIVI POUR MEURTRE.
ALORS TU NOUS PARLES CORRECTEMENT.
ON PEUT APPROCHER PERSONNE AVEC NOS TÊTES.
ALORS QUE TOI...
WILSON, LE DIRECTEUR DE LA COMMUNICATION DE LA SOCIÉTÉ... CE SERAIT PARFAIT.
VOUS VOULEZ QUE JE KIDNAPPE WILSON ?
VOILÀ !!!

TU N'AS PAS BEAUCOUP DE TEMPS, GRAHAM.
DANS DEUX JOURS, TU AURAS LA MÊME TÊTE QUE NOUS !
QUOI ?
POUR LES MAINS, C'EST PLUS RAPIDE. TU VERRAS.
LA BONNE NOUVELLE, C'EST QU'IL EXISTE UN ANTIDOTE.
MAIS IL NE FONCTIONNE QUE S'IL EST ADMINISTRÉ AVANT LA FIN DE LA MUTATION.
SOIT TU VAS CHERCHER TON WILSON POUR QU'ON LE FILME EN PLEINE MUTATION.
SOIT C'EST TOI QU'ON FILME.
PUTAINS DE CRAPAUDS !
QUAND T'ÉTAIS JOURNALISTE, T'AVAIS DÉJÀ DES MÉTHODES CONTESTABLES.
FAIRE DES FAUX, ENREGISTRER LES GENS À LEUR INSU...
LA FIN JUSTIFIE LES MOYENS.

JE N'AVAIS PAS ENVIE DE KIDNAPPER WILSON.
JE N'AVAIS PAS ENVIE DE ME TRANSFORMER EN CRAPAUD.
J'AVAIS ENVIE DE VIANDE.

APPEL LINA 46232.
LINA 46232 INJOIGNABLE.
QUOI ?
KLING!
INTERVENTION SENTINELLES. PROCÉDURE D'URGENCE.
CHING!
SUJET LOCALISÉ.

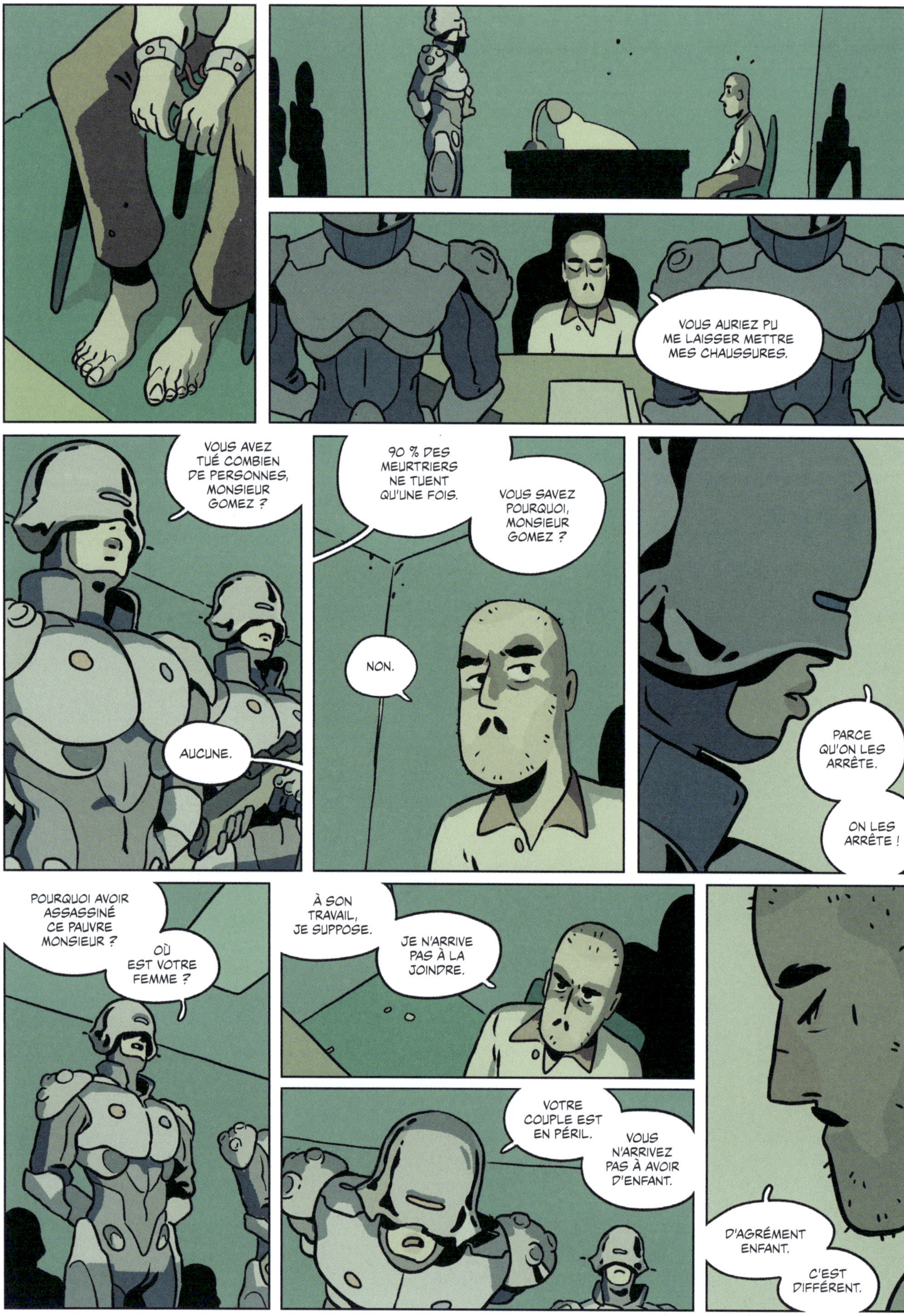
VOUS AURIEZ PU ME LAISSER METTRE MES CHAUSSURES.
VOUS AVEZ TUÉ COMBIEN DE PERSONNES, MONSIEUR GOMEZ ?
AUCUNE.
90 % DES MEURTRIERS NE TUENT QU'UNE FOIS.
VOUS SAVEZ POURQUOI, MONSIEUR GOMEZ ?
NON.
PARCE QU'ON LES ARRÊTE.
ON LES ARRÊTE !
POURQUOI AVOIR ASSASSINÉ CE PAUVRE MONSIEUR ?
OÙ EST VOTRE FEMME ?
À SON TRAVAIL, JE SUPPOSE.
JE N'ARRIVE PAS À LA JOINDRE.
VOTRE COUPLE EST EN PÉRIL.
VOUS N'ARRIVEZ PAS À AVOIR D'ENFANT.
D'AGRÉMENT ENFANT.
C'EST DIFFÉRENT.

VOUS VOUS ÊTES DISPUTÉ AVEC VOTRE FEMME, MONSIEUR GOMEZ ?
VOUS L'AVEZ ASSASSINÉE ?
PEUT-ÊTRE MÊME MANGÉE ?
MANGÉE ?
"MANGÉE" VOUS CHOQUE.
MAIS "ASSASSINÉE"... VOUS NE DITES RIEN ? C'EST ÉTRANGE.
C'EST UN ANCIEN BOUCHER.
BONJOUR, MESSIEURS.
WILSON ?
POURRIEZ-VOUS NOUS LAISSER UN INSTANT ?

VOUS AIMEZ MON NOUVEAU LOOK ?
C'EST À CAUSE DE VOUS, CE MERDIER ?
VOUS ACCEPTEZ MA PROPOSITION ?
UN ASSASSIN COMME CANDIDAT, CE NE SERAIT PAS BON POUR LE PROGRAMME.
ON PEUT ARRANGER ÇA.
SI VOUS ACCEPTEZ MA PROPOSITION.
ET MA FEMME ?
IL Y A EU UN PETIT IMPRÉVU AVEC VOTRE FEMME.
HOLLY VA VOUS EXPLIQUER.

RECHERCHÉ PAR LA POLICE DEPUIS TROIS ANS POUR MEURTRE, L'INDIVIDU AVAIT DÉJÀ PASSÉ LA MOITIÉ DE SA VIE EN PRISON.
L'ENQUÊTE A RÉVÉLÉ QUE MONSIEUR GOMEZ ÉTAIT EN LÉGITIME DÉFENSE ET QU'IL A FAIT PREUVE DE BEAUCOUP DE COURAGE.
VAINQUEURS
POUR LE REMERCIER, LA SOCIÉTÉ A DÉCIDÉ DE LUI OFFRIR UNE PLACE DANS LA NOUVELLE SAISON DES VAINQUEURS.

ELLE EST LÀ.
C'EST QUI, LUI ?
ILS SE SONT RENCONTRÉS IL Y A TROIS MOIS.
PERSONNE N'A RIEN FAIT À VOTRE FEMME.

ET JE DOIS VOUS CROIRE ?
IL FAIT QUOI DANS LA VIE ?
IL VEND DES HOT-DOGS.
DES HOT-DOGS ?
OUI, ENFIN... DES HOT-DOGS VÉGÉTARIENS.
DEPUIS L'INTERDICTION DE LA VIANDE, LES VENTES ONT EXPLOSÉ.

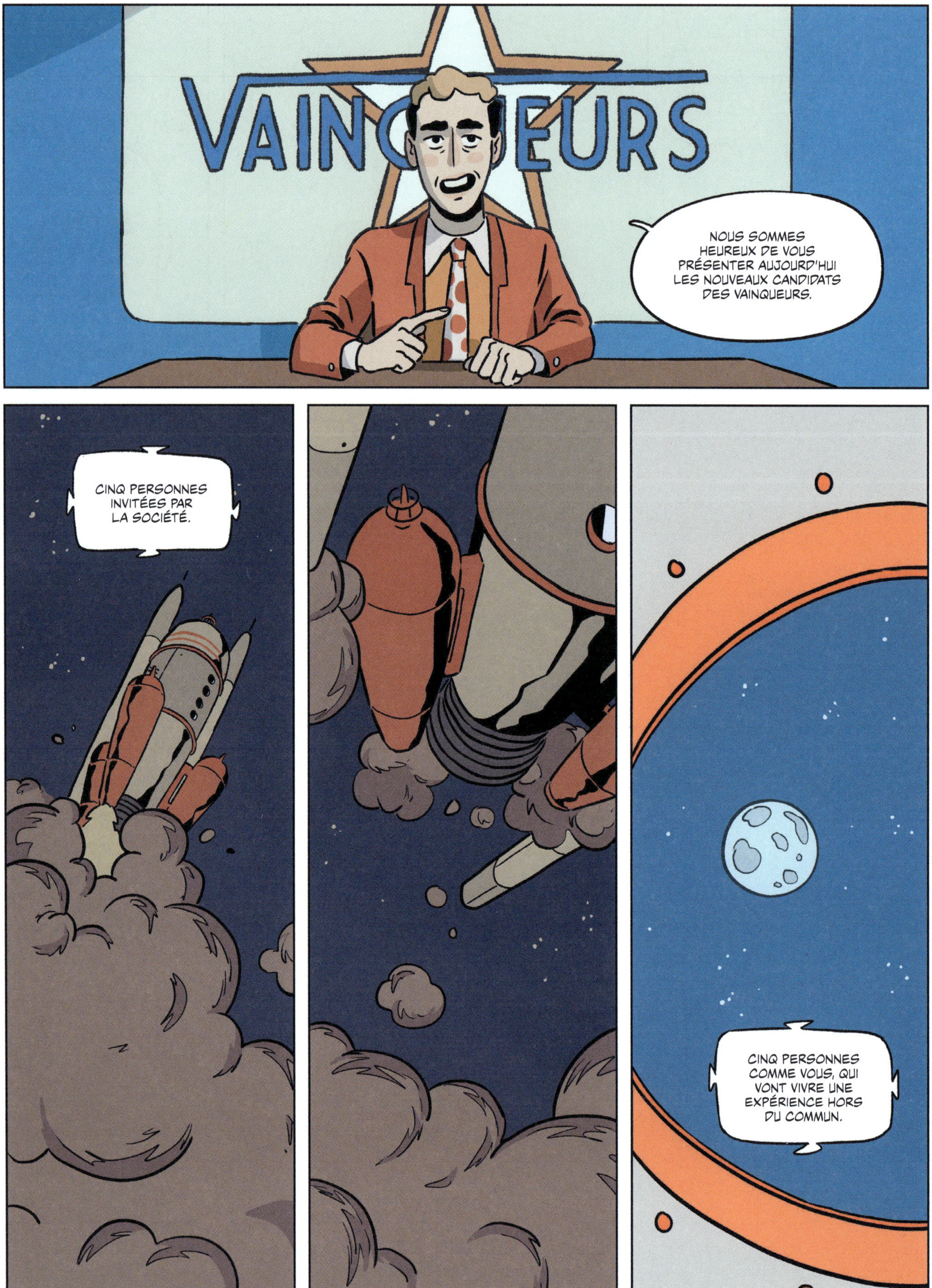
VAINQUEURS
NOUS SOMMES HEUREUX DE VOUS PRÉSENTER AUJOURD'HUI LES NOUVEAUX CANDIDATS DES VAINQUEURS.
CINQ PERSONNES INVITÉES PAR LA SOCIÉTÉ.
CINQ PERSONNES COMME VOUS, QUI VONT VIVRE UNE EXPÉRIENCE HORS DU COMMUN.

ZINA, 33 ANS. FEMME AU FOYER. SON MARI POMPIER EST MORT EN SERVICE.
MICHAEL, 28 ANS. MILITAIRE ET PÈRE DE QUINTUPLÉS.
PAUL, 65 ANS. AVEUGLE DE NAISSANCE.
LYBIE, 14 ANS. COLLÉGIENNE SURDOUÉE.
ET CELUI QUE VOUS CONNAISSEZ DÉJÀ. LE BLACKFEET PRÊT À TOUT POUR AVOIR UN AGRÉMENT ENFANT.
GRAHAM, 35 ANS.
L'AVENTURE COMMENCE DANS QUATRE JOURS.

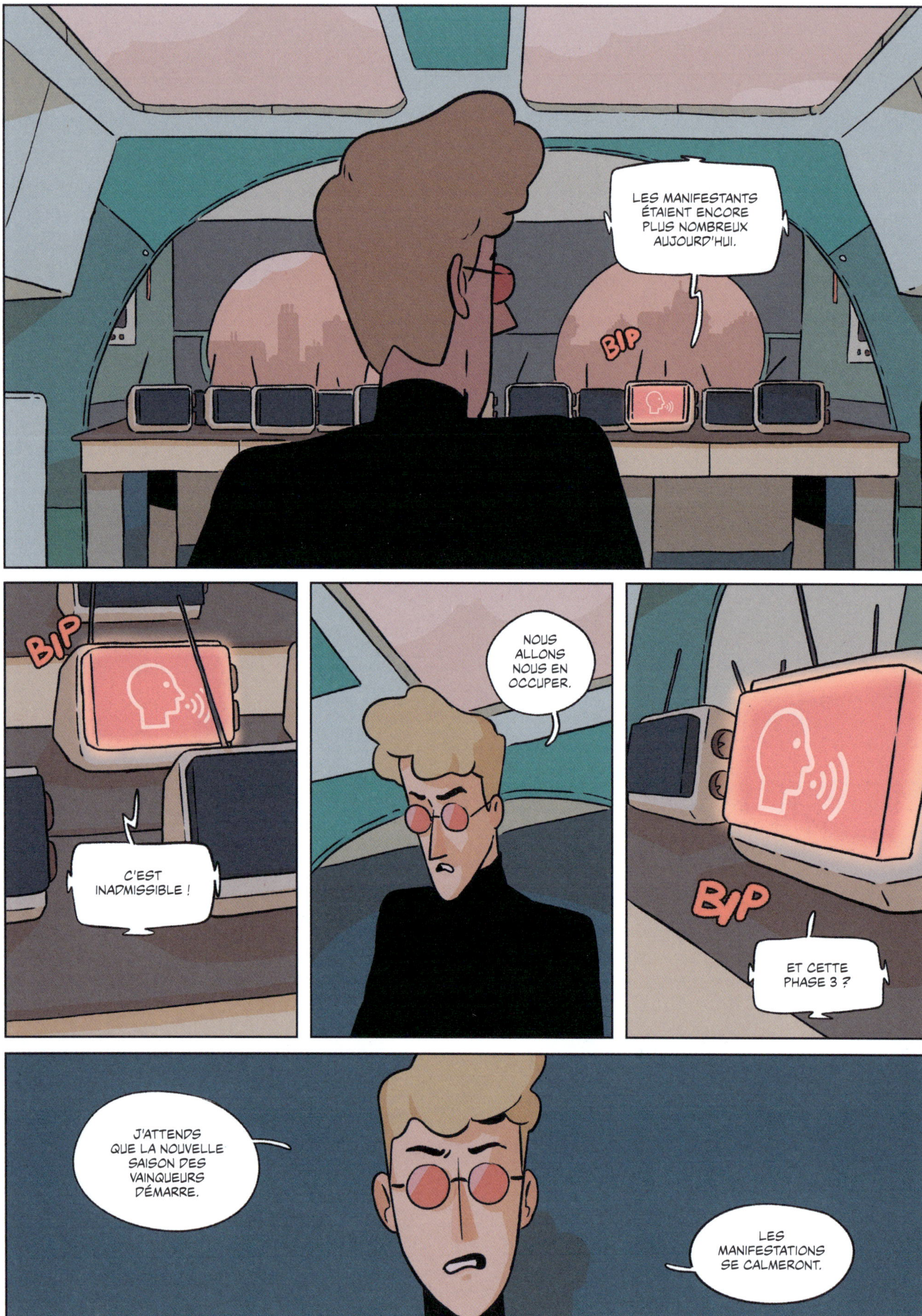
LES MANIFESTANTS ÉTAIENT ENCORE PLUS NOMBREUX AUJOURD'HUI.
BIP
BIP
C'EST INADMISSIBLE !
NOUS ALLONS NOUS EN OCCUPER.
BIP
ET CETTE PHASE 3 ?
J'ATTENDS QUE LA NOUVELLE SAISON DES VAINQUEURS DÉMARRE.
LES MANIFESTATIONS SE CALMERONT.

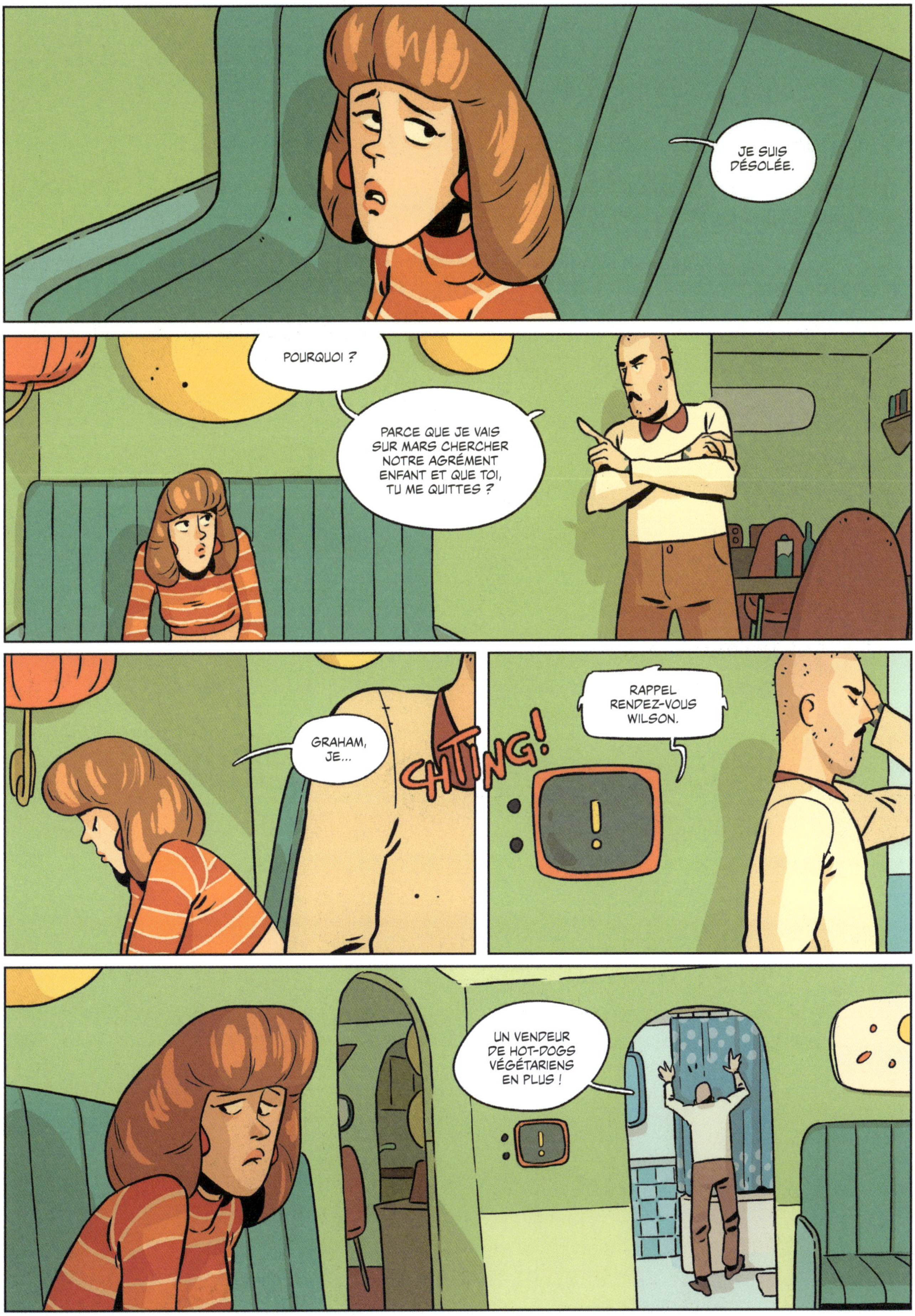
JE SUIS DÉSOLÉE.
POURQUOI ?
PARCE QUE JE VAIS SUR MARS CHERCHER NOTRE AGRÉMENT ENFANT ET QUE TOI, TU ME QUITTES ?
GRAHAM, JE...
CHTING!
RAPPEL RENDEZ-VOUS WILSON.
!
UN VENDEUR DE HOT-DOGS VÉGÉTARIENS EN PLUS !
!

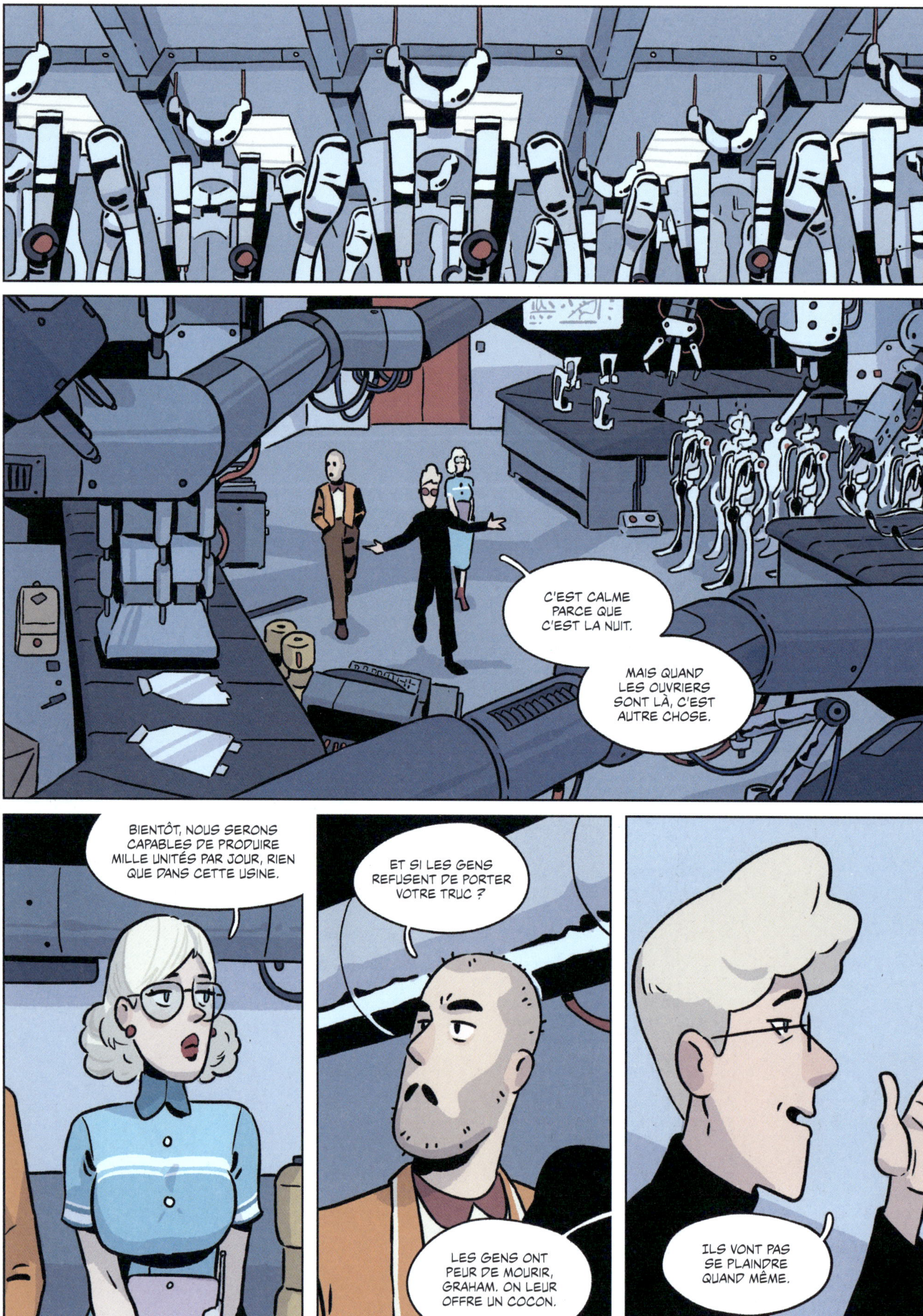

C'EST CALME PARCE QUE C'EST LA NUIT.
MAIS QUAND LES OUVRIERS SONT LÀ, C'EST AUTRE CHOSE.
BIENTÔT, NOUS SERONS CAPABLES DE PRODUIRE MILLE UNITÉS PAR JOUR, RIEN QUE DANS CETTE USINE.
ET SI LES GENS REFUSENT DE PORTER VOTRE TRUC ?
LES GENS ONT PEUR DE MOURIR, GRAHAM. ON LEUR OFFRE UN COCON.
ILS VONT PAS SE PLAINDRE QUAND MÊME.

VOUS ALLEZ VOIR.
L'EXOSQUELETTE EST BIEN PLUS MALLÉABLE QU'UN ROBOT CARCASSE.
MOINS ÉNERGIVORE, MOINS COÛTEUX.
PLUS PETIT, PLUS SÉCURISANT.
VOUS ESSAYEZ, GRAHAM ?

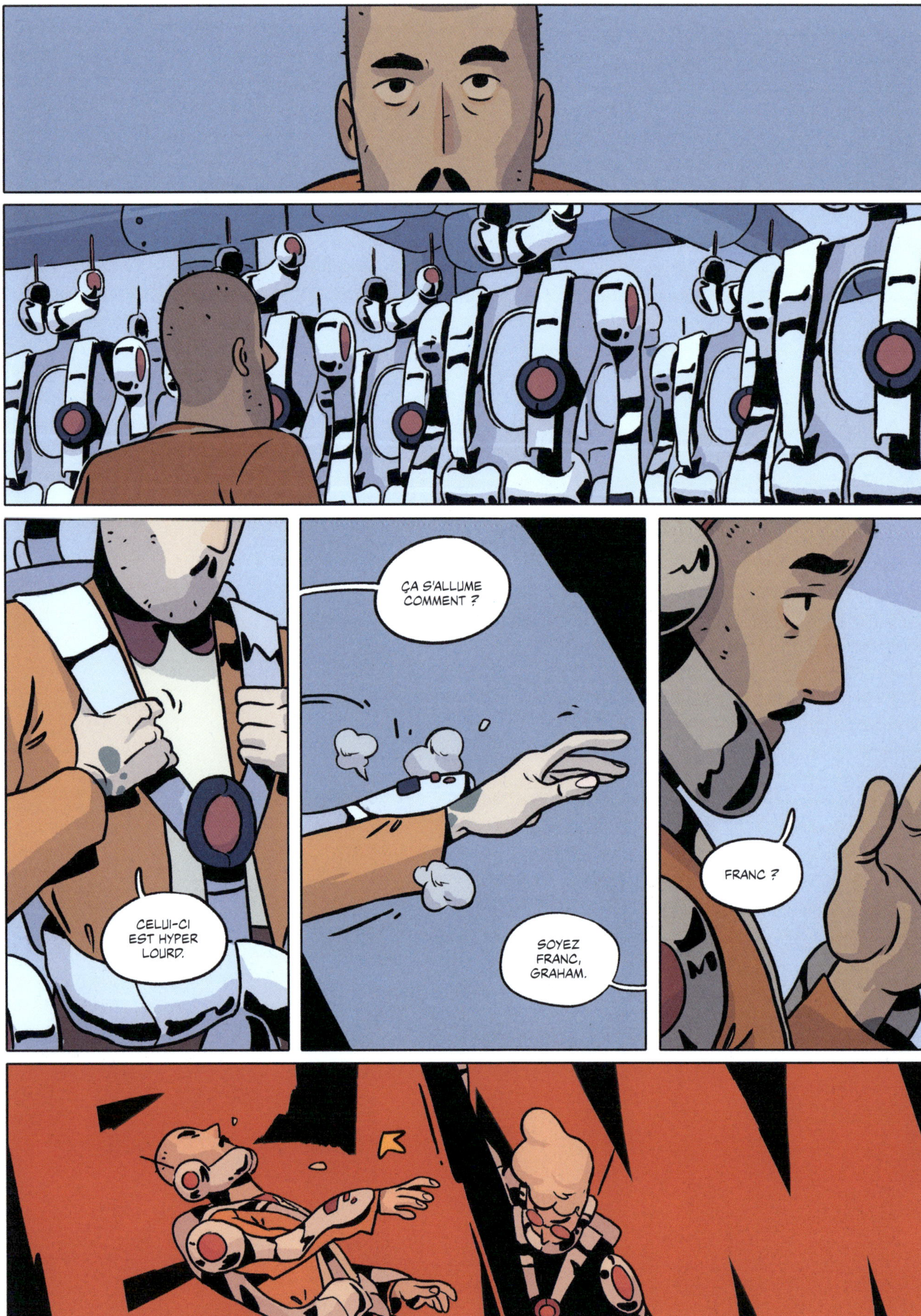

CELUI-CI EST HYPER LOURD.
ÇA S'ALLUME COMMENT ?
SOYEZ FRANC, GRAHAM.
FRANC ?

VOTRE MARCHÉ AVEC LES SALAMANDRES.
JE NE COMPRENDS PAS...
VOUS VOULIEZ ME KIDNAPPER !
HOLLY, VOUS POURRIEZ LE CALMER ?
MERDE, COMMENT ÇA MARCHE ?
MONSIEUR WILSON, NOUS AVONS BESOIN DE GRAHAM POUR LE PROGRAMME.
C'EST PAS JUSTE, JE SUIS PAS ENTRAÎNÉ.
C'EST POUR ÇA QUE JE T'AI LAISSÉ MONTER DEDANS.
TU VAS PRENDRE UNE RACLÉE.

MAIS D'ABORD...
... SI ON ALLAIT MANGER UN BON HOT-DOG VÉGÉTARIEN ?
BIP!

CLAC!
AA!
IL RESPIRE ENCORE.

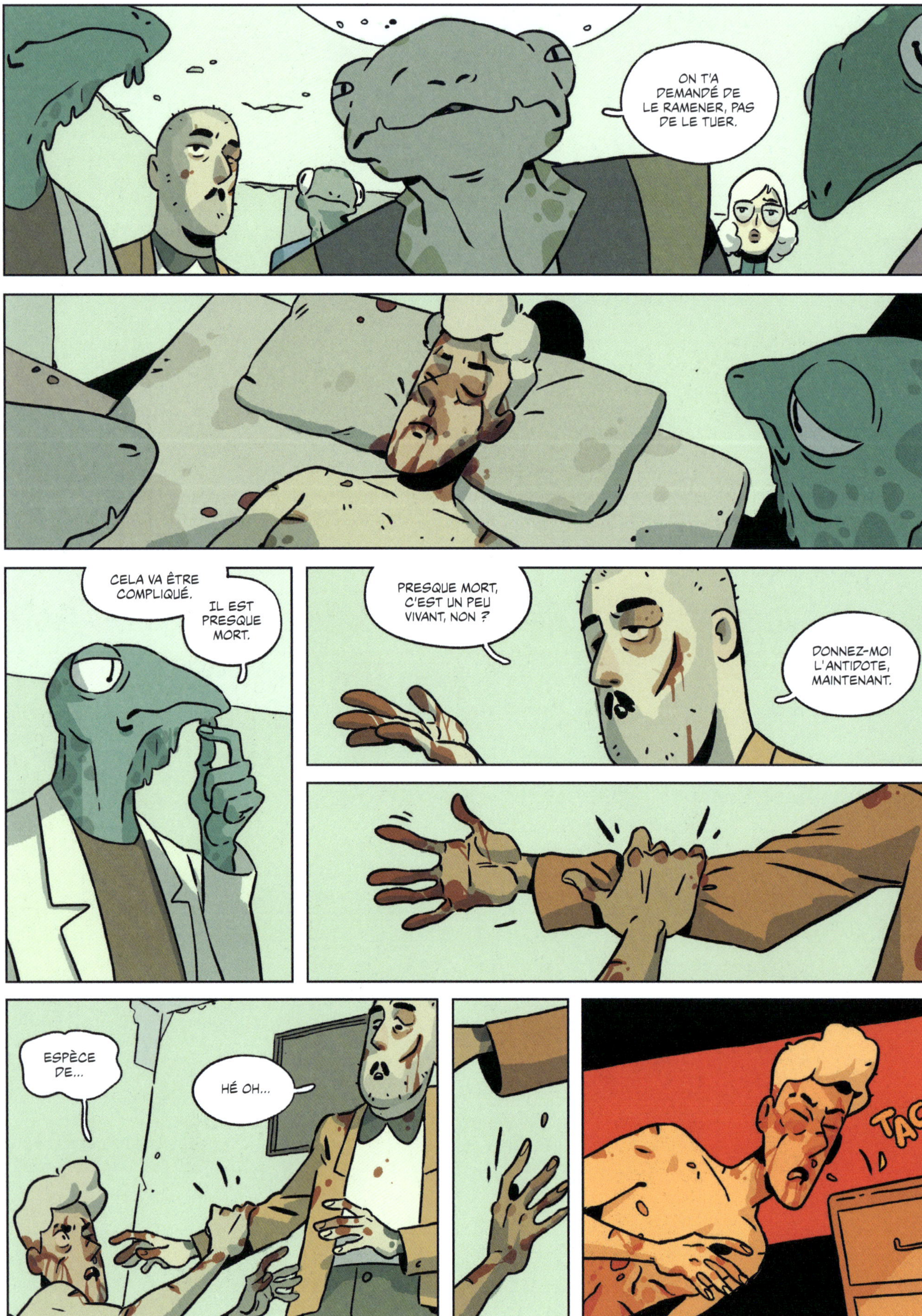
ON T'A DEMANDÉ DE LE RAMENER, PAS DE LE TUER.
CELA VA ÊTRE COMPLIQUÉ.
IL EST PRESQUE MORT.
PRESQUE MORT, C'EST UN PEU VIVANT, NON ?
DONNEZ-MOI L'ANTIDOTE, MAINTENANT.
ESPÈCE DE...
HÉ OH...
TAC

REMETTEZ-LE SUR LE LIT.
MERDE.
T'EN RATES PAS UNE, TOI.
CETTE FOIS, IL EST MORT.
VOUS N'AVEZ QU'À PRENDRE HOLLY.
QUOI ?
ELLE TRAVAILLE POUR LA SOCIÉTÉ ET ELLE EST PLUS JOLIE QUE WILSON.
POURQUOI PAS.
JE VOUS L'AI RAMENÉE.
DIS-LUI DE ME DONNER L'ANTIDOTE.

LES SALAMANDRES AVAIENT EU L'AMABILITÉ DE ME RAMENER CHEZ MOI.
BONJOUR À TOUS !
VOUS ÊTES SUR RADIO SOCIÉTÉ 3...

IL EST HUIT HEURES ET NOUS...
CHTAC!

ILS VOUS ONT PAS GARDÉE ?
NON. ILS ONT CHANGÉ DE PROGRAMME.
PAS TROP DÉÇU ?
UN PEU D'HUMOUR, HOLLY.
TSS !
JE NE VOUS AURAIS PAS LAISSÉE COMME ÇA.
MERDE !

MERDE !!!
C'EST QUOI CE BORDEL ?
IL N'Y A JAMAIS EU D'ANTIDOTE.
SALOPARDS DE SALAMANDRES.
BAM
UN PEU D'HUMOUR, GRAHAM.

JE L'AIME BIEN MOI, TA NOUVELLE GUEULE.
J'AVAIS CONFIANCE EN TOI.
C'EST UN PETIT CRAPAUD VRAIMENT, VRAIMENT PAS BEAU...
LA FIN JUSTIFIE LES MOYENS, GRAHAM.
TU VAS APPRENDRE CE QUE C'EST DE VIVRE COMME ÇA.

GRAHAM ?
PAS DEVANT LES AUTRES.
AVEC SA GUEULE, ÇA PASSERAIT PAS.

CLICK!
CLICK
CLICK
TCHAK

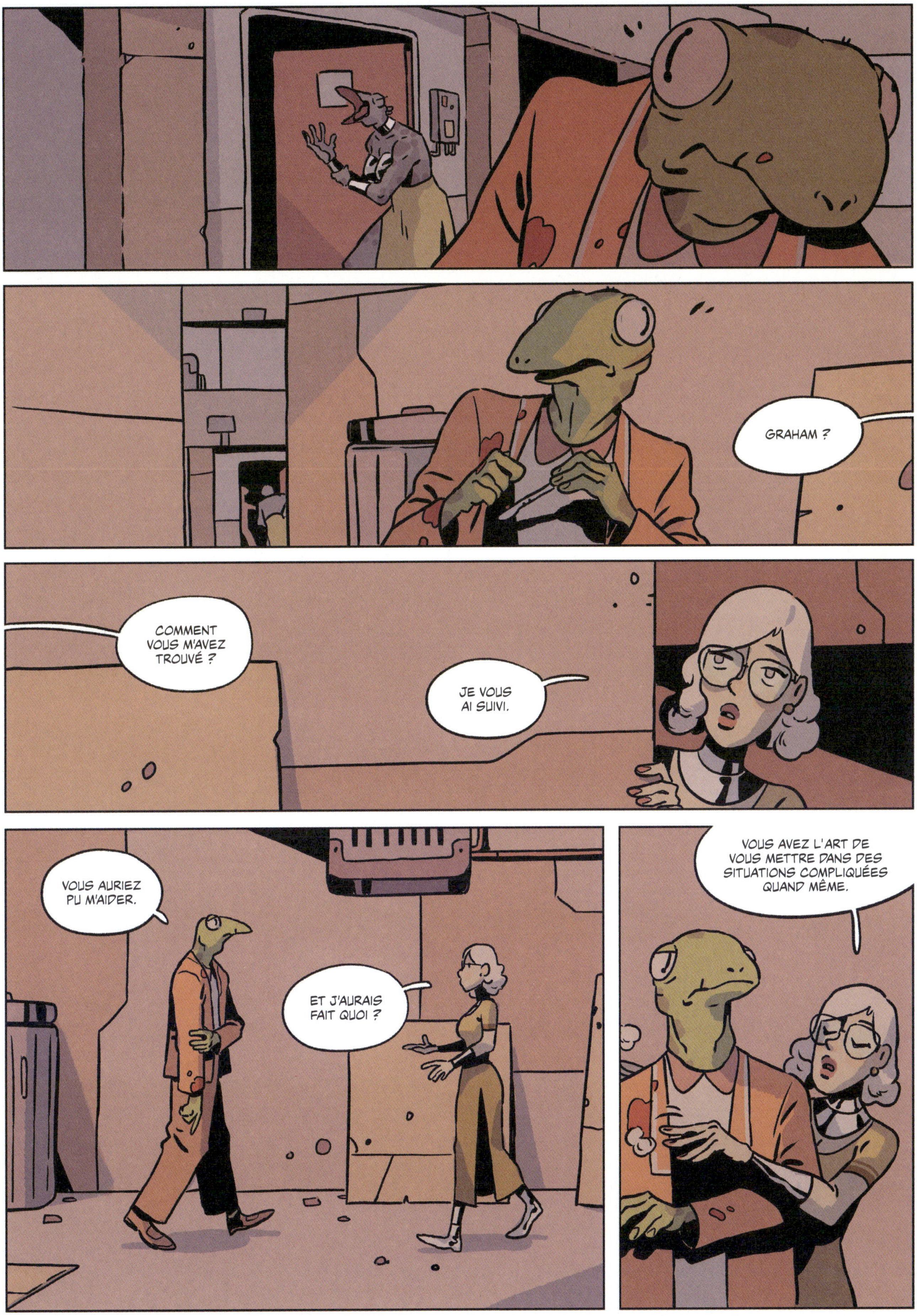
GRAHAM ?
COMMENT VOUS M'AVEZ TROUVÉ ?
JE VOUS AI SUIVI.
VOUS AURIEZ PU M'AIDER.
ET J'AURAIS FAIT QUOI ?
VOUS AVEZ L'ART DE VOUS METTRE DANS DES SITUATIONS COMPLIQUÉES QUAND MÊME.

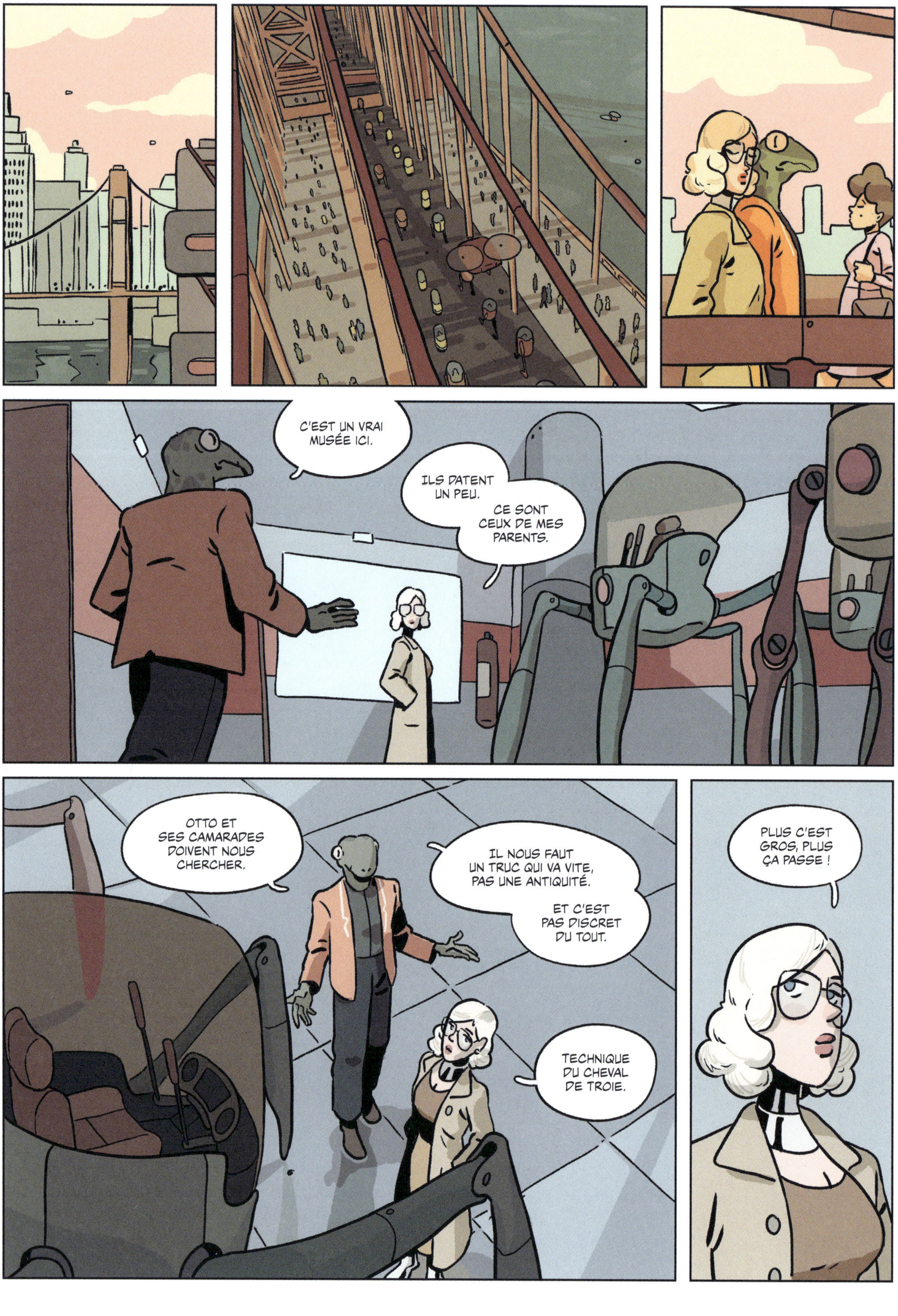
C'EST UN VRAI MUSÉE ICI.
ILS DATENT UN PEU.
CE SONT CEUX DE MES PARENTS.
OTTO ET SES CAMARADES DOIVENT NOUS CHERCHER.
IL NOUS FAUT UN TRUC QUI VA VITE, PAS UNE ANTIQUITÉ.
ET C'EST PAS DISCRET DU TOUT.
TECHNIQUE DU CHEVAL DE TROIE.
PLUS C'EST GROS, PLUS ÇA PASSE !

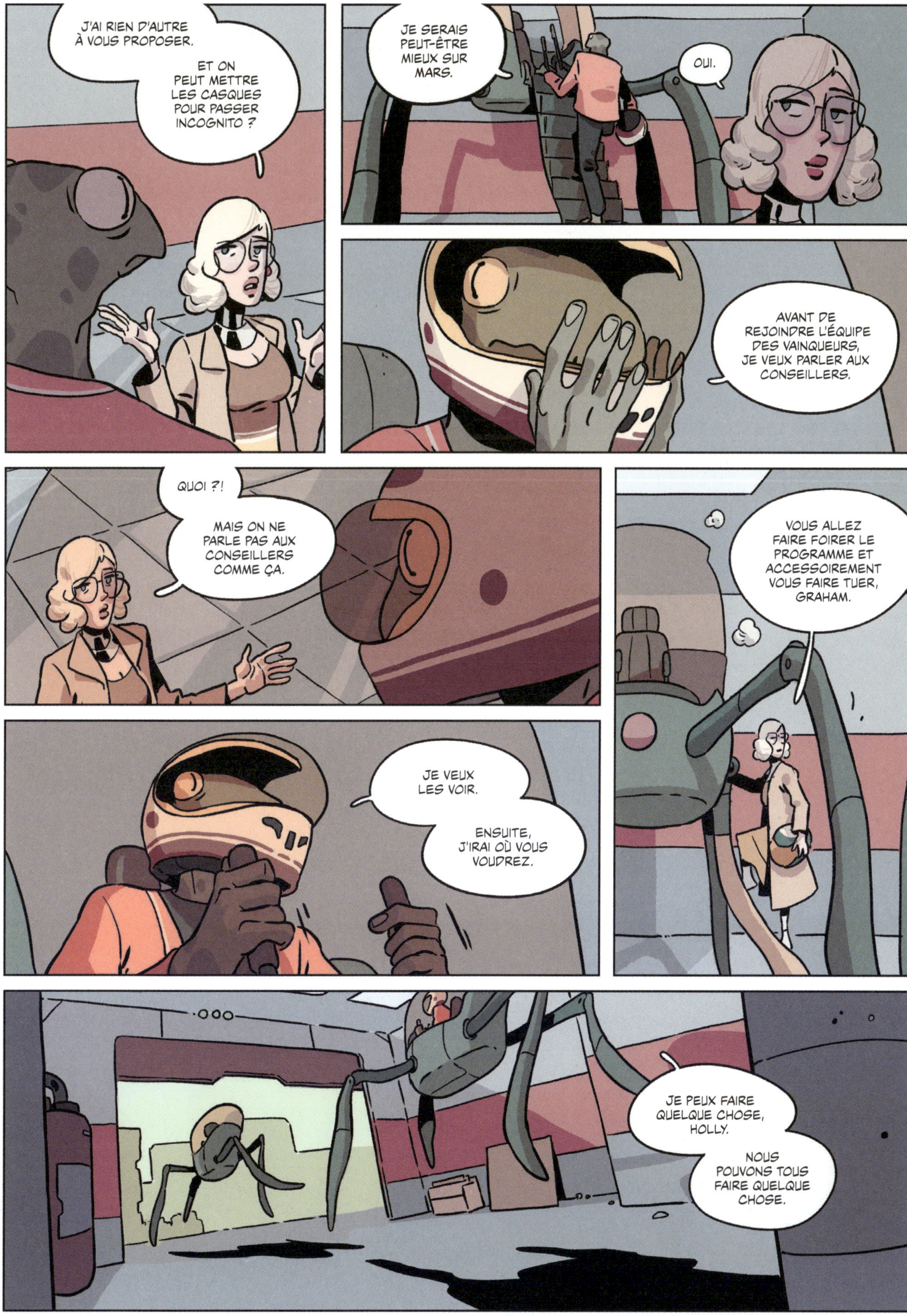
J'AI RIEN D'AUTRE À VOUS PROPOSER.
ET ON PEUT METTRE LES CASQUES POUR PASSER INCOGNITO ?
JE SERAIS PEUT-ÊTRE MIEUX SUR MARS.
OUI.
AVANT DE REJOINDRE L'ÉQUIPE DES VAINQUEURS, JE VEUX PARLER AUX CONSEILLERS.
QUOI ?!
MAIS ON NE PARLE PAS AUX CONSEILLERS COMME ÇA.
VOUS ALLEZ FAIRE FOIRER LE PROGRAMME ET ACCESSOIREMENT VOUS FAIRE TUER, GRAHAM.
JE VEUX LES VOIR.
ENSUITE, J'IRAI OÙ VOUS VOUDREZ.
JE PEUX FAIRE QUELQUE CHOSE, HOLLY.
NOUS POUVONS TOUS FAIRE QUELQUE CHOSE.

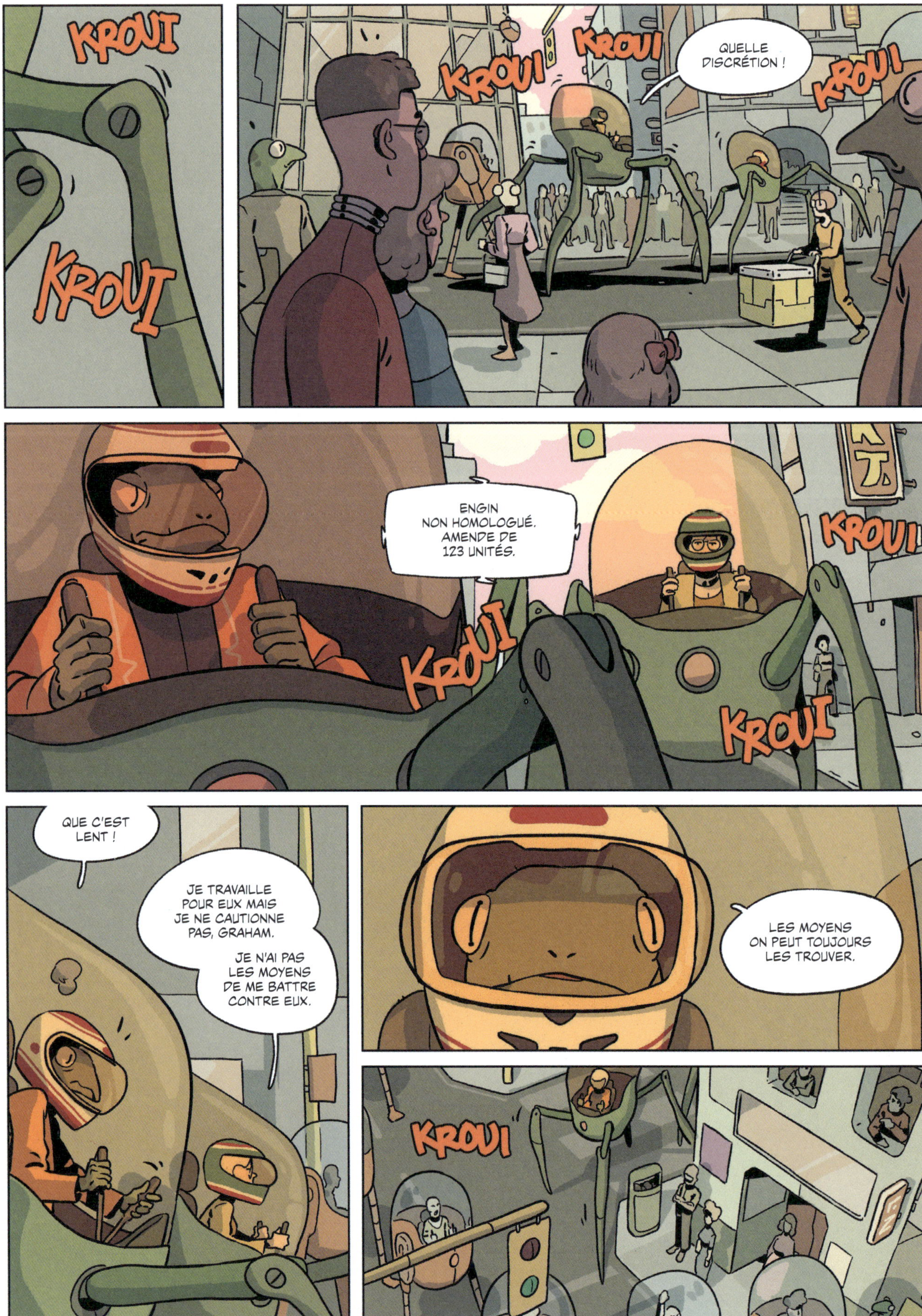
KROUI
KROUI
KROUI
KROUI
QUELLE DISCRÉTION !
KROUI
ENGIN NON HOMOLOGUÉ. AMENDE DE 123 UNITÉS.
KROUI
KROUI
KROUI
QUE C'EST LENT !
JE TRAVAILLE POUR EUX MAIS JE NE CAUTIONNE PAS, GRAHAM.
JE N'AI PAS LES MOYENS DE ME BATTRE CONTRE EUX.
LES MOYENS ON PEUT TOUJOURS LES TROUVER.
KROUI

C'EST QUOI ?
NON AUX EXOSQUELETTES POUR TOUS !
NON AUX EXOSQUELETTES POUR TOUS !
UNE MANIFESTATION.
NON AUX EXOSQUELETTES POUR TOUS !
NON AUX EXOSQUELETTES POUR TOUS !
KLING

TU PEUX PAS FAIRE ATTENTION, CRAPAUD ?!

COMMENT ILS NOUS ONT RETROUVÉS ?
MERDE.
REMUE LES PATTES, GRAHAM.

TU VAS PAYER POUR ÇA.
C'ÉTAIT UN ACCIDENT !
SENTINELLES ENVOYÉES.

KROUI
KROUI
KROUI
KROUI
KROUI
KROUI
KROUI
KROUI
KROUI
COMMENT MARCHE CE TRUC ?!

MONTE ! LES SENTINELLES VONT REVENIR.

LA SOCIÉTÉ
JE VOULAIS PARLER AUX CONSEILLERS.
LES ENTENDRE AUSSI.

C'EST JUSTE UN SIMPLE DICTAPHONE.
JE M'EN SERVAIS POUR TRAVAILLER.
TU VEUX FAIRE TOMBER LA SOCIÉTÉ AVEC UN DICTAPHONE ?
BONJOUR, MADAME MUNMER.

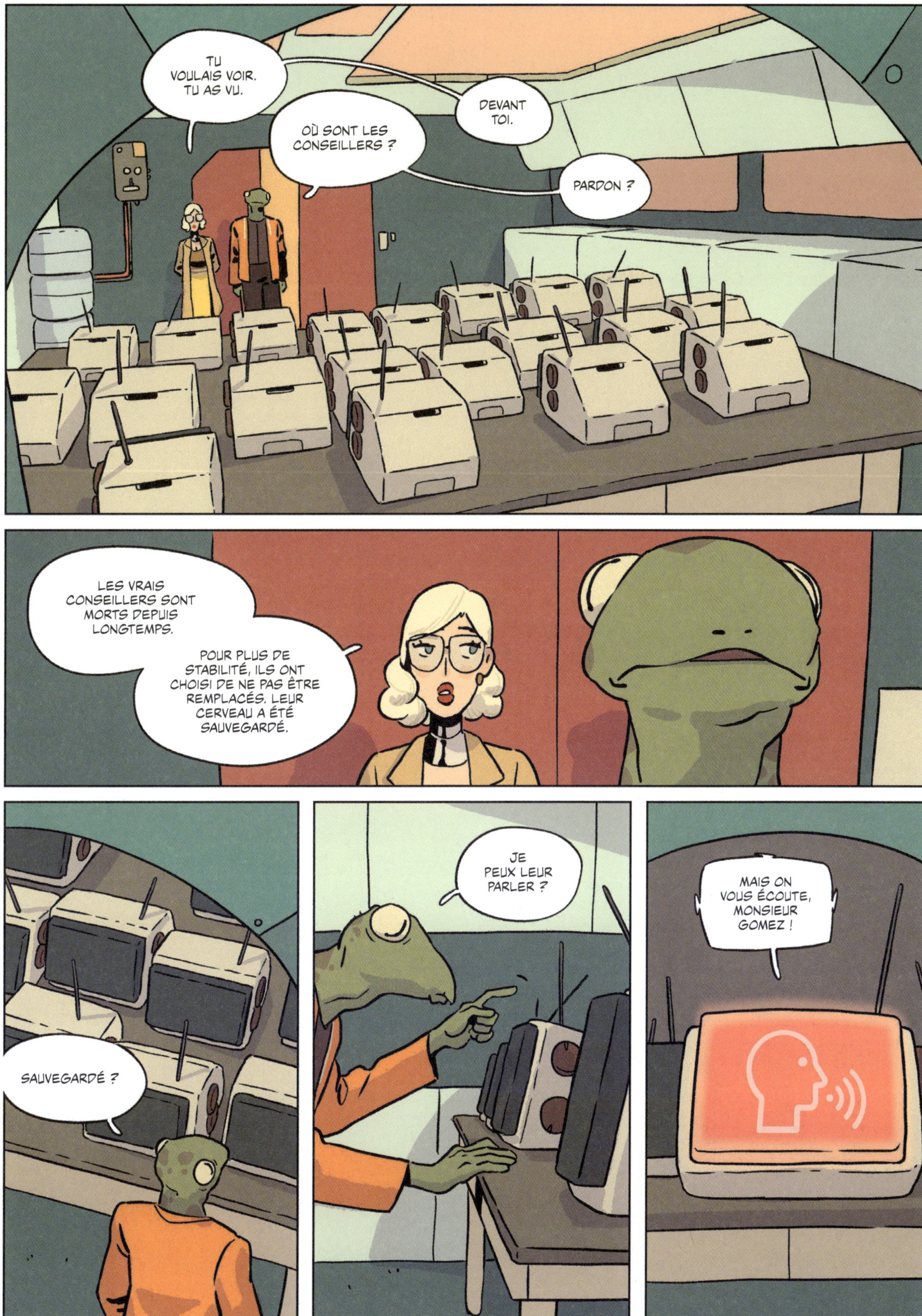
TU VOULAIS VOIR. TU AS VU.
OÙ SONT LES CONSEILLERS ?
DEVANT TOI.
PARDON ?
LES VRAIS CONSEILLERS SONT MORTS DEPUIS LONGTEMPS.
POUR PLUS DE STABILITÉ, ILS ONT CHOISI DE NE PAS ÊTRE REMPLACÉS. LEUR CERVEAU A ÉTÉ SAUVEGARDÉ.
SAUVEGARDÉ ?
JE PEUX LEUR PARLER ?
MAIS ON VOUS ÉCOUTE, MONSIEUR GOMEZ !

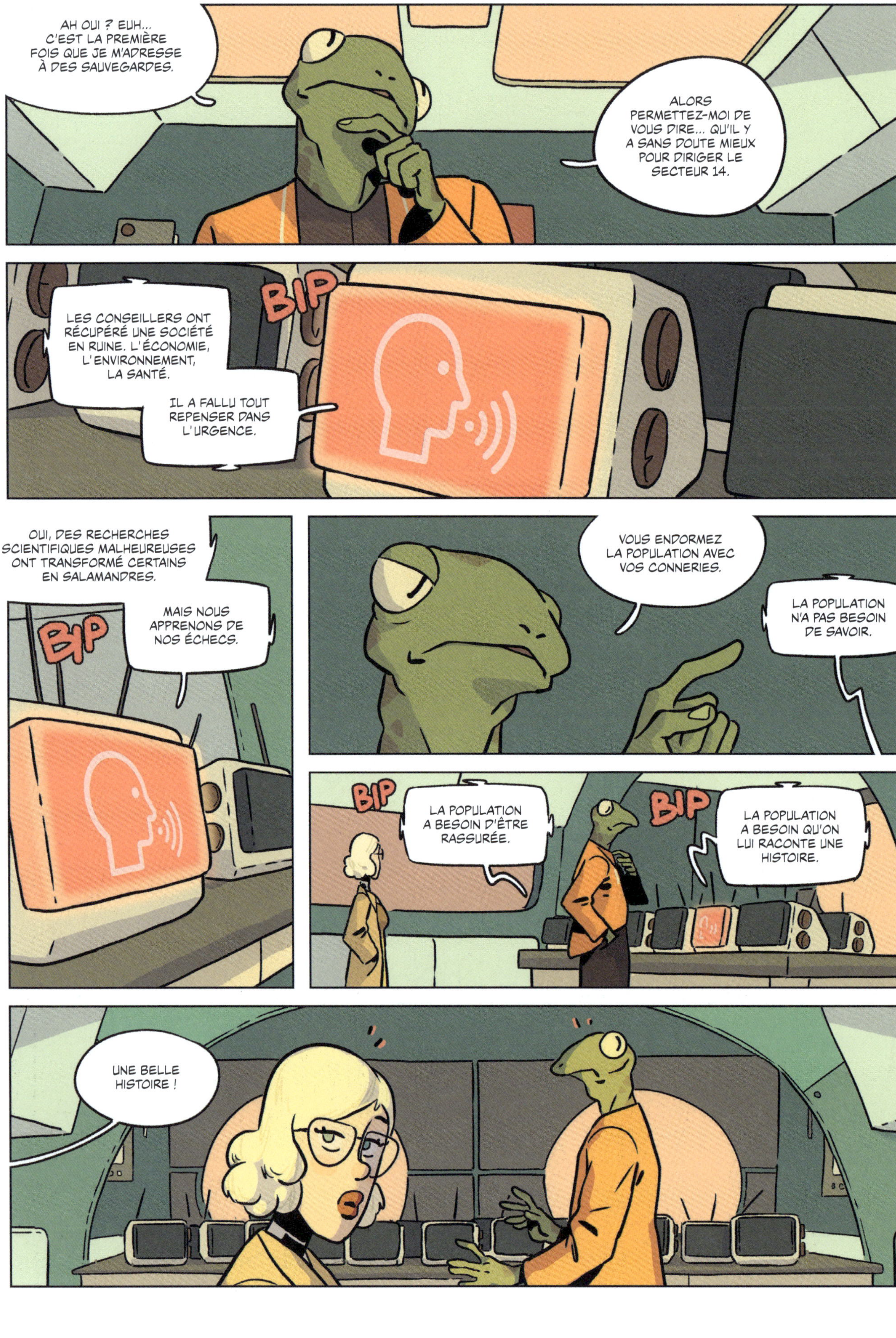
AH OUI ? EUH... C'EST LA PREMIÈRE FOIS QUE JE M'ADRESSE À DES SAUVEGARDES.
ALORS PERMETTEZ-MOI DE VOUS DIRE... QU'IL Y A SANS DOUTE MIEUX POUR DIRIGER LE SECTEUR 14.
BIP
LES CONSEILLERS ONT RÉCUPÉRÉ UNE SOCIÉTÉ EN RUINE. L'ÉCONOMIE, L'ENVIRONNEMENT, LA SANTÉ.
IL A FALLU TOUT REPENSER DANS L'URGENCE.
OUI, DES RECHERCHES SCIENTIFIQUES MALHEUREUSES ONT TRANSFORMÉ CERTAINS EN SALAMANDRES.
BIP
MAIS NOUS APPRENONS DE NOS ÉCHECS.
VOUS ENDORMEZ LA POPULATION AVEC VOS CONNERIES.
LA POPULATION N'A PAS BESOIN DE SAVOIR.
BIP
LA POPULATION A BESOIN D'ÊTRE RASSURÉE.
BIP
LA POPULATION A BESOIN QU'ON LUI RACONTE UNE HISTOIRE.
UNE BELLE HISTOIRE !

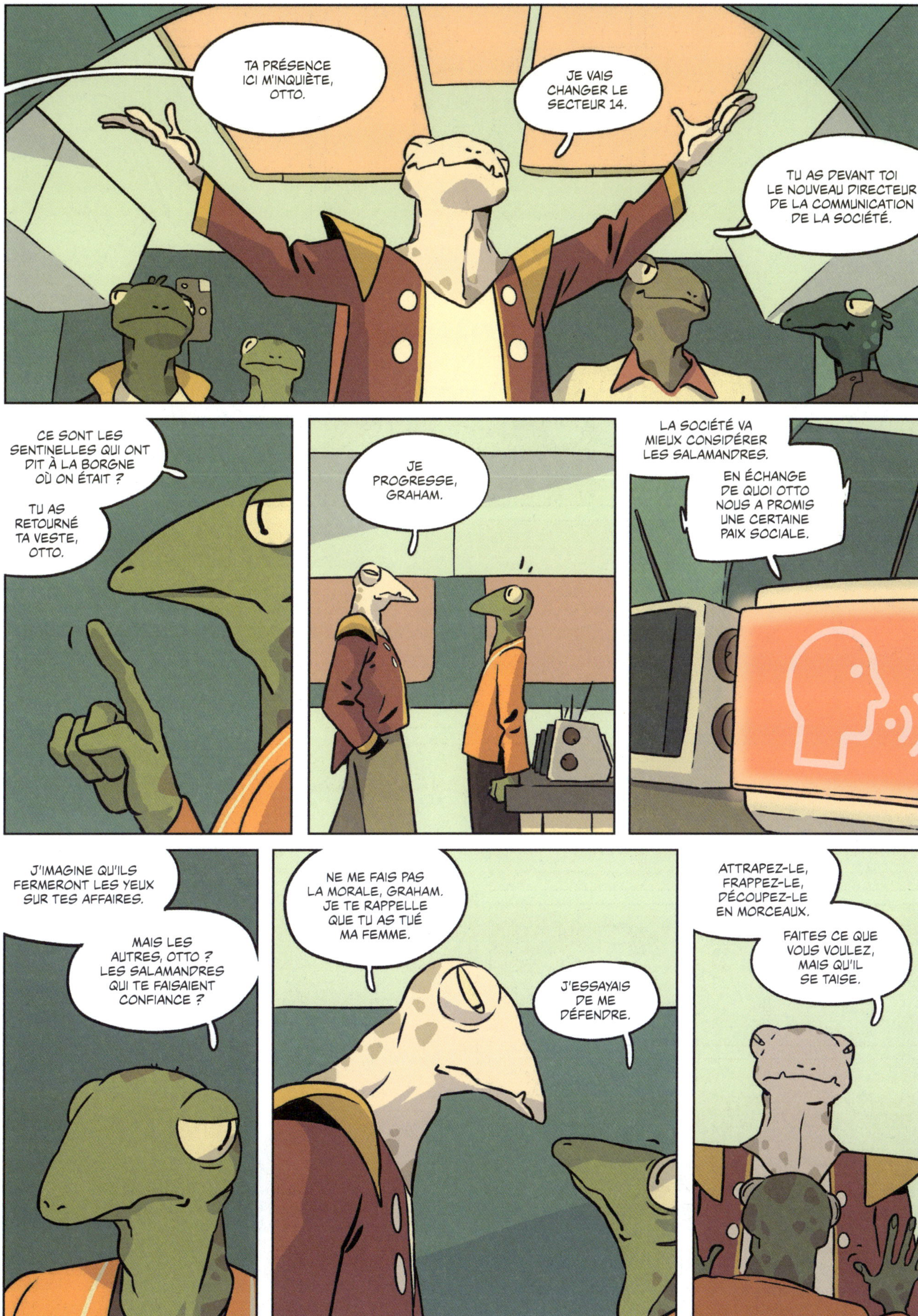
TA PRÉSENCE ICI M'INQUIÈTE, OTTO.
JE VAIS CHANGER LE SECTEUR 14.
TU AS DEVANT TOI LE NOUVEAU DIRECTEUR DE LA COMMUNICATION DE LA SOCIÉTÉ.
CE SONT LES SENTINELLES QUI ONT DIT À LA BORGNE OÙ ON ÉTAIT ?
TU AS RETOURNÉ TA VESTE, OTTO.
JE PROGRESSE, GRAHAM.
LA SOCIÉTÉ VA MIEUX CONSIDÉRER LES SALAMANDRES.
EN ÉCHANGE DE QUOI OTTO NOUS A PROMIS UNE CERTAINE PAIX SOCIALE.
J'IMAGINE QU'ILS FERMERONT LES YEUX SUR TES AFFAIRES.
MAIS LES AUTRES, OTTO ? LES SALAMANDRES QUI TE FAISAIENT CONFIANCE ?
NE ME FAIS PAS LA MORALE, GRAHAM. JE TE RAPPELLE QUE TU AS TUÉ MA FEMME.
J'ESSAYAIS DE ME DÉFENDRE.
ATTRAPEZ-LE, FRAPPEZ-LE, DÉCOUPEZ-LE EN MORCEAUX.
FAITES CE QUE VOUS VOULEZ, MAIS QU'IL SE TAISE.

ATTENDEZ ! GRAHAM DOIT DÉCOLLER DEMAIN MATIN.
SI VOUS LE SUPPRIMEZ, CELA VA SE VOIR. TROIS MOIS SUR MARS, C'EST TROIS MOIS PENDANT LESQUELS IL NE POURRA RIEN FAIRE.
À SON RETOUR, VOUS LUI FEREZ CE QUE VOUS VOUDREZ.
CE QUE VOUS VOUDREZ ?
DONNE-MOI L'ENREGISTREMENT.
QUEL ENREGISTREMENT ?
CELUI QUE TU AS FAIT AVEC TON PETIT DICTAPHONE RIDICULE !
IL EST DANS SA POCHE.
HOLLY.
DÉSOLÉE, GRAHAM. JE NE SUIS PAS PRÊTE À CHANGER LE MONDE.
TU CROYAIS CHANGER LE MONDE AVEC ÇA ?

HOLLY A CONVAINCU OTTO QU'IL ÉTAIT PRÉFÉRABLE DE ME LAISSER PARTIR.
SUR MARS, JE N'ÉTAIS PLUS UNE MENACE.
JE SUIS TELLEMENT EXCITÉE.
QUAND J'AI DIT À MES AMIES QUE J'AVAIS ÉTÉ TIRÉE AU SORT, ELLES NE M'ONT PAS CRUE.

VAINQUEURS
MÊME MOI, J'AI DU MAL À Y CROIRE.
JE VEUX DIRE, IL NE M'ARRIVE JAMAIS RIEN DE SPÉCIAL.
GRAHAM ?
COMMENT VOUS SENTEZ-VOUS À QUELQUES HEURES DU GRAND DÉPART ?

JE ME SENS BIEN ET JE VOUDRAIS REMERCIER LA SOCIÉTÉ DE ME DONNER LA CHANCE DE PARTICIPER À CE VOYAGE.
SANS COMPTER QUE CES NOUVEAUX EXOSQUELETTES SONT VRAIMENT HYPER CONFORTABLES.
J'ESPÈRE QUE JE SERAI À LA HAUTEUR.
IL RENTRE DANS LE RANG.

TU CROIS QUE JE DEVRAIS REVENIR ?
T'AS VU MA GUEULE ?
VAIN

JE VAIS PRENDRE MES AFFAIRES.
RIEN NE PRESSE.
HÉ, REGARDE ÇA.
GRAHAM !
CHUTT !!!

QUAND UNE SITUATION ME DÉPASSE, QUE RIEN NE VA PLUS...
... JE FERME LES YEUX. ET J'IMAGINE QUE JE TOMBE DANS LE VIDE.
MAIS PAS AUJOURD'HUI.

G. GOMEZ
BONJOUR À TOUS !

HOLLY DOUTAIT
QU'ON PUISSE CHANGER
LE MONDE AVEC
UN DICTAPHONE.
NO
SPEED

NOUS POUVONS TOUS FAIRE QUELQUE CHOSE !
ALORS ON A TENTÉ LE COUP AVEC DEUX DICTAPHONES.
À TOUS LES CONDUCTEURS ?
C'EST ÇA. ON DOIT TOUCHER UN MAXIMUM DE PASSAGERS.

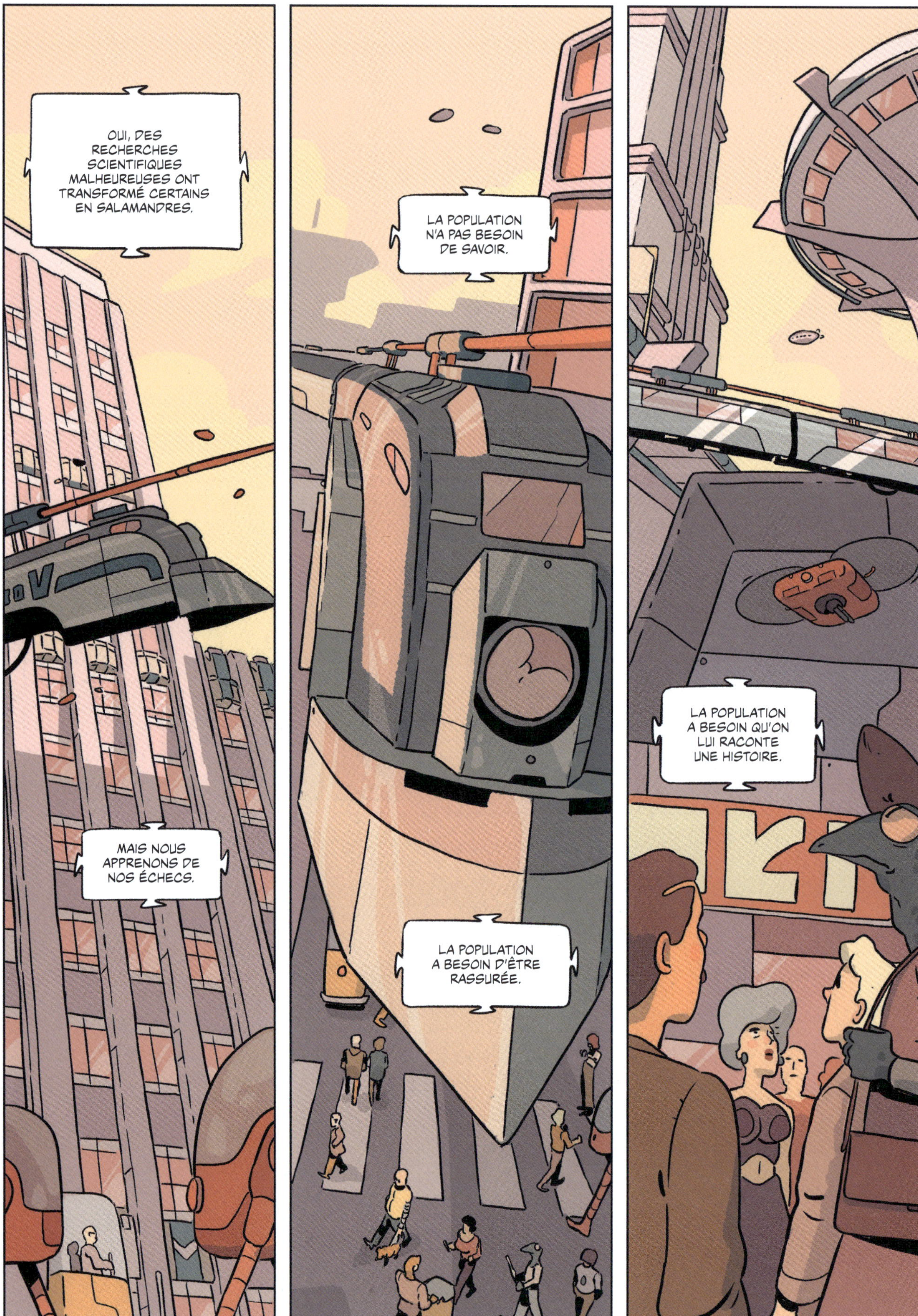
OUI, DES RECHERCHES SCIENTIFIQUES MALHEUREUSES ONT TRANSFORMÉ CERTAINS EN SALAMANDRES.
MAIS NOUS APPRENONS DE NOS ÉCHECS.
LA POPULATION N'A PAS BESOIN DE SAVOIR.
LA POPULATION A BESOIN D'ÊTRE RASSURÉE.
LA POPULATION A BESOIN QU'ON LUI RACONTE UNE HISTOIRE.

C'EST GÉNIAL !

ICI GRAHAM GOMEZ. RÉVEILLEZ-VOUS ! LE MONDE EST À VOUS !

Des mêmes auteurs

Julien Frey

Aux Éditions Futuropolis

Les Sauvages
Dessin de Nadar

Fatty
Dessin de Nadar

Lisa et Mohamed
Dessin de Mayalen Goust

L'Œil du STO
Dessin de Nadar

Avec Édouard Luntz
Dessin de Nadar

Aux Éditions Vents d'Ouest

Monsieur Apothéoz
Dessin de Dawid

Aux Éditions Dargaud

Michigan
Dessin de Lucas Varela

Aux Éditions Delcourt

Un jour il viendra frapper à ta porte
Dessin de Dominique Mermoux

Adrián Huelva

Aux Éditions Grand Angle

Les Pays d'Amir
Scénario de Séverine Vidal

Aux Éditions Dupuis

U4, série en 5 tomes
Scénario de Denis Lapière et Pierre-Paul Renders

LA SOCIÉTÉ

Retrouvez toutes les infos des univers
de Drakoo sur **drakoo.fr**
et sur les réseaux sociaux

ABONNEZ-VOUS
À NOTRE NEWSLETTER
POUR TOUT SAVOIR DES SORTIES
ET BONUS DRAKOO !

PREMIÈRE ÉDITION - Dépôt légal : janvier 2025 - ISBN : 978-2-3823-3194-1

PEFC
10-31-1800
Certifié PEFC
Ce produit est issu de forêts gérées durablement et de sources contrôlées
www.pefc-france.org

Imprimé en France
Printed in France by PPO Graphic, 91120 Palaiseau

La fabrication de cet album répond au processus
de développement durable engagé par Bamboo édition.